SPIRITUELLE PERSPEKTIVEN

Stichwort LÜGE

SPIRITUELLE PERSPEKTIVEN

Rudolf Steiner lag nichts an Systemen. Sein Wirken bestand vielmehr darin, Impulse zu geben, Impulse zu einem in jeder Hinsicht menschenwürdigen Leben, hier und jetzt.

Dazu gehört, dass er das Bewusstsein dafür zu schärfen suchte, dass unser Sein sich nicht beschränkt auf das gegenwärtige, von Geburt und Tod begrenzte Dasein. Unermüdlich rief er in Erinnerung, dass wir in Wirklichkeit geistige Wesen sind, ebenso wie Erde und Kosmos, in deren Gesamtzusammenhang wir stehen.

Durch seine Schriften und Vorträge ermutigte er dazu, diese verborgene Wirklichkeit ernst zu nehmen. Seine zahllosen Anregungen zielen darauf ab, Geistesgegenwart zu entwickeln, die im Augenblick das Notwendige erkennt und tut. Das kann man, überwältigt oder ratlos angesichts der umfangreichen Gesamtausgabe seiner Werke, leicht vergessen.

Die «Spirituellen Perspektiven» versammeln Kerngedanken zu ganz bestimmten Fragen aus Steiners Gesamtwerk und ermuntern so dazu, das Denken in Bewegung zu setzen und die eigene Erkenntnis- und Handlungsfähigkeit zu vertiefen.

Die kurzen Auszüge erheben keinen Anspruch, ein Thema erschöpfend zu behandeln. Sie versuchen vielmehr, Zugänge zu dem unüberschaubaren Komplex von Steiners Werk zu eröffnen, durch die sich seine außergewöhnliche – auch außergewöhnlich anregende – Ideenwelt auf eigene Faust erschließen lässt.

Die Quellenangaben mögen dabei als erste Wegweiser dienen. Doch auch wer sich mit den hier zusammengetragenen Fragmenten begnügt, wird in diesen eine wertvolle Orientierungshilfe für die heutige, nicht minder komplexe Welt finden.

Rudolf Steiner

Stichwort LÜGE

RUDOLF STEINER VERLAG

2. Auflage 2021
Zusammengestellt und herausgegeben von Hans Stauffer

Einbandgestaltung: Finken & Bumiller, Stuttgart
Satz: Satz für Satz. Barbara Reischmann, Leutkirch
Druck und Bindung: Floriančič Tisk, Maribor

ISBN: 978-3-7274-4910-9
www.steinerverlag.com

INHALT

WIE DIE LÜGE ZUM MENSCHEN KAM

Lemurien: Aufkeimen von Begierden und Leidenschaften, die luziferischen Geister

In der Zeit der Mondenkrisis hatte sich der Mensch so weit entwickelt, dass er seinen physischen Leib, Ätherleib, astralischen Leib und sein Ich hatte. Das Ich verdankte er dem Einfluss der «Geister der Form», wie er seinen astralischen Leib den «Geistern der Bewegung», seinen Ätherleib den «Geistern der Weisheit» und seinen physischen Leib dem Einfluss der «Throne» verdankt. Die Geister der Form – «Exusiai» oder «Gewalten» in der christlichen Esoterik – waren es, die es möglich machten, dass der Keim des Ich hinzukam zu den anderen drei Gliedern. Wenn nun der Mensch nur in der normalen Entwicklung gestanden hätte und alle die Wesenheiten um ihn herum ihre entsprechenden Aufgaben durchgemacht hätten, dann würden gewisse Wesenheiten auf seinen physischen Leib gewirkt haben, andere auf seinen Ätherleib, andere auf seinen astralischen Leib und wieder andere auf sein Ich, wir können sagen, so wie es sich gehört hätte, jede Art auf das Glied, zu dem sie gehörte. Jetzt aber waren diese auf der Mondesstufe zurückgebliebenen Wesenheiten da, die luziferischen Wesenheiten. Hätten sie richtig weiterwirken können, dann wären sie berufen gewesen, auf das Ich zu wirken. Sie hatten auf dem Monde aber nur gelernt, auf den astralischen Leib zu wirken, und das hatte etwas Bedeutsames zur Folge. Wären diese luziferischen Geister nicht da gewesen, so würde der Mensch seine Ich-Anlage in sich aufgenommen haben und sich bis zum letzten Drittel der atlantischen Zeit so entwickelt haben, dass er das dämmerhafte Hellseherbewusstsein vertauscht hätte mit dem äußeren Gegenstandsbewusstsein. So aber drangen, gleichsam wie Strahlen von Kräften, die Wirkungen der luziferischen Geister in seinen astralischen Leib hinein. …

Nun gossen die luziferischen Geister vor diesem Zeitpunkt in den astralischen Leib hinein Leidenschaften,

Triebe, Begierden, die sich mit dem vereinigten, was der Mensch auf seinem Entwicklungsweg in sich aufnahm. Dadurch konnte er nicht nur der Sterne ansichtig werden, sondern zu gleicher Zeit dafür aufflammen, Enthusiasmus entfachen und Leidenschaft, nicht nur den vergöttlichten Trieben des astralischen Leibes folgen, sondern eigene Triebe entfalten aus seiner Freiheit heraus. Das hatten ihm die luziferischen Geister in seinen astralischen Leib hineingegossen. Aber damit hatten sie ihm zugleich etwas anderes gegeben: die Möglichkeit zum Bösen, zur Sünde. Die hätte er nicht gehabt, wenn er Schritt für Schritt von den erhabeneren Göttern geführt worden wäre. Die luziferischen Geister haben den Menschen frei gemacht, ihm Enthusiasmus eingepflanzt, aber ihm zu gleicher Zeit die Möglichkeit der niederen Begierden gegeben. Der Mensch hätte, bei einem normalen Entwicklungsgange, sozusagen mit einem jeglichen Ding die normalen Empfindungen verknüpft. So aber konnten ihm die Dinge der Sinneswelt mehr gefallen, als sie ihm hätten gefallen sollen. Er konnte mit seinem Interesse haften an den Dingen der Sinneswelt. Und die Folge war, dass er früher, als es sonst geschehen wäre, in diese physische Verhärtung hineinkam.

Der Teppich der Sinneswelt: ein Schleier über der geistigen Welt

Es gab innerhalb der Menschheitsentwicklung diesen Einfluss Luzifers, dem der Mensch die Möglichkeit des Irrtums, des Bösen verdankt, dem er aber auch seine Freiheit verdankt. Wäre dieser luziferische Einfluss nicht gekommen, so wäre das, was ich eben vor Ihnen besprochen habe, in der Mitte der atlantischen Zeit eingetreten: Der Teppich der Sinneswelt hätte sich ausgebreitet vor dem Menschen, die Mineralien, die Pflanzenwelt, die Welt der Tiere wären sinnlich sichtbar geworden; die Welt der Naturerscheinungen, Blitz und Donner, Wolken und Luft, die Himmelserscheinungen wären dem äußeren Auge vollständig sichtbar geworden. Aber dahinter wären unverkennbar gestanden die göttlich-geistigen Wesenheiten, die auf den Menschen eindringen sollten. Weil vorher der Einfluss Luzifers gewirkt hatte, weil vorher der Mensch in seinem astralischen Leibe diesen Einfluss aufgenommen hatte, deshalb hatte er seit der lemurischen Zeit bis in die atlantische Zeit hinein seinen physischen Leib, der dazumal noch verwandlungsfähig war, so zubereitet, dass dieser physische Leib jetzt das Instrument werden konnte unmittelbar für den Teppich der sinnlich-physischen Welt, der sich hätte so ausbreiten sollen, dass hinter ihm die geistige Welt sichtbar geworden wäre. Und so konnte denn der Mensch die physisch-sinnliche Welt nicht sogleich in der Gestalt sehen, in der sie sich ihm zugleich als eine geistige gezeigt hätte. Da trat an den Menschen heran die Welt der drei Naturreiche, die unter dem Menschen standen. Sie trat heran, die physische Welt, als eine solche, die wie ein Schleier, wie eine dicke Decke unter Umständen sich hinüberlegte über die geistige Welt. So konnte der Mensch nicht durchschauen bis in die geistige Welt; er kann es ja bis heute im Grunde genommen noch nicht.

Das Auftreten Ahrimans

Es trat ein ganz anderer Gegner seit der Mitte der atlantischen Zeit an den Menschen heran, als Luzifer es ist, derjenige Gegner, der sozusagen des Menschen Wahrnehmungsvermögen und Erkenntnisvermögen so umnebelt und umdunkelt, dass der Mensch nicht die Anstrengung macht, nicht die Triebe entwickelt, hinter die Geheimnisse der Sinneswelt zu kommen. Wenn Sie sich vorstellen, dass unter Luzifers Einfluss die Sinneswelt wie ein Schleier geworden wäre, so dass man dann durchaus die geistige Welt dahinter gehabt hätte, so ist durch den Einfluss dieses zweiten Wesens die physische Welt völlig zu einer dicken Rinde geworden, welche sich zuschließt vor der geistigen Welt, so dass wiederum nur die atlantischen Eingeweihten durch ihre Vorbereitungen dazu kommen konnten, diese Decke des Physisch-Sinnlichen zu durchdringen.

Diejenigen Mächte, die sich da an den Menschen heranmachten, um ihm den Ausblick in die andere Seite des göttlichen Daseins zu verfinstern, treten uns zuerst entgegen in den großen Lehren, welche der bedeutungsvolle Führer des uralt persischen Volkes seinen Anhängern und Bekennern gegeben hat, bei Zarathustra. Zarathustra war es, der ja die Mission hatte, einem Volke die Kultur zu geben, das nicht wie das altindische Volk durch seine Naturanlage die Sehnsucht hatte nach der geistigen Welt zurück, sondern Zarathustra hatte die Mission, einem Volke eine Kultur zu geben, dessen Blick auf die Sinneswelt gerichtet war, auf die Eroberung der physisch-sinnlichen Welt mit den Kulturmitteln, die eben nur durch die Anstrengungen des äußeren sinnlich-physischen Menschen hergestellt werden können. Daher trat innerhalb der uralt persischen Kultur weniger der luziferische Einfluss an den Menschen heran als gerade der Einfluss derjenigen Gestalt, die seit der Mitte der atlantischen Zeit an den Menschen herangetreten ist und bewirkt hat, dass dazumal ein großer Teil der Eingeweihten der schwarzen Magie verfallen ist, weil sie durch die Verführung dieses Versuchers dazu gebracht wurden, dasjenige, was ihnen aus der geistigen Welt zugänglich geworden war, zu dem Dienst der physisch-sinnlichen Welt zu missbrauchen. Jener gewaltige Einfluss schwarzmagischer Kräfte, der zum schließlichen Untergang von Atlantis geführt hat, hat seinen Ursprung in den Versuchungen derjenigen Gestalt, die Zarathustra seinem Volke lehren musste, als die Gestalt, die dem hellen Lichtgotte entgegenwirkt als Ahriman, Angra mainju, im Gegensatz zu dem Lichtgotte, den Zarathustra als die Große Aura, als Ahura Mazdao verkündete.

Diese zwei Gestalten, Luzifer und Ahriman, müssen wir wohl voneinander unterscheiden. Denn Luzifer ist eine Wesenheit, die sich abgezweigt hat von der Schar geistig-himmlischer Wesenheiten nach der Sonnentrennung, während Ahriman eine Gestalt ist, die sich bereits vor der Sonnentrennung losgelöst hat und ganz andere Mächte in sich vereinigt.

Lüge und Irrtum entwickeln sich im Ätherleib

Seinen astralischen Leib, Ätherleib und physischen Leib, die sonst geistiger geblieben wären, wenn nicht der luziferische Einfluss gewirkt hätte, hat er dadurch, dass das alles so gekommen ist, schlechter, materieller gestaltet. Dadurch sind aber auch alle Übel in das Menschenleben gekommen, die sich im Laufe der Zeit entwickelt haben. Im Laufe einer langen Zeit haben sie sich entwickelt.

Von der lemurischen Zeit bis zum Mysterium von Golgatha haben sich im physischen Leibe, im Ätherleib und im astralischen Leibe Übel entwickelt. Im astralischen Leibe hat sich ein hochgradiger Egoismus entwickelt, im Ätherleibe haben sich entwickelt die Möglichkeiten des Irrtums, wenn wir irgendetwas beurteilen wollen, und die Möglichkeit der Lüge.

Der Einfluss Luzifers

Wie wirkt nun der luziferische Einfluss? Er schließt sich in den astralischen Leib ein, wirkt aber dadurch auf alle drei Glieder des Menschen, sowohl auf den Astralleib als auch auf den Äther- und den physischen Leib. Nur Andeutungen kann man heute außerhalb unserer Gesellschaft über diesen Luzifer-Einfluss machen. Was Sie immer mehr verstehen werden, ist, dass der Luzifer-Einfluss sich dreifach geltend macht: im Astralleibe, im ätherischen und im physischen Leibe des Menschen.

Im Ätherleibe wird hervorgerufen das, was im Menschen als Trieb zur Unwahrhaftigkeit, zur Lüge wird. Lüge und Unwahrhaftigkeit sind etwas, was über das Innere des Menschen hinausgeht. Im Astralleibe, dem reinen Innern des Menschen, wird das Selbst durchdrungen von dem luziferischen Einfluss, und dieser erscheint dann als Selbstsucht im Menschen. Der Ätherleib wird von innen heraus mit dem Triebe, unwahrhaftig zu sein, durchsetzt und dadurch zur Möglichkeit der Lüge bestimmt. Im physischen Leib wird hervorgerufen Krankheit und Tod. Für diejenigen, die an meinem letzten Kursus teilgenommen haben, wird das leicht verständlich sein. Aber hier will ich doch noch einmal darauf hinweisen, dass alles, was im menschlichen physischen Leibe als Krankheit und Tod auftritt, karmisch mit dem verknüpft ist, was wir luziferischen Einfluss nennen. Wenn wir alles das noch einmal kurz zusammenfassen, so bewirkt Luzifer im Astralleibe: Selbstsucht, im Ätherleibe: Lüge und Unwahrhaftigkeit, im physischen Leibe: Krankheit und Tod.

Krankheit und Tod als karmische Auswirkung des luziferischen Einflusses

An den Menschen träte niemals Krankheit und Tod heran, wenn nicht der luziferische Einfluss stattgefunden hätte. Das ist eben die karmische Auswirkung des luziferischen Einflusses, dass der Mensch tiefer hinuntersteigt in das Physische, und das wird auf der anderen Seite ausgeglichen durch Krankheit und Tod.

Wir können daher sagen: Indem der luziferische Einfluss hineinkam in den Menschen, wurden der physische, Äther- und Astralleib von Krankheit und Tod, Lüge und Unwahrhaftigkeit und Selbstsucht ergriffen. – Ich möchte noch darauf aufmerksam machen, dass die heutige materialistische Wissenschaft für den Tod im tierischen und im pflanzlichen Leibe dieselbe Erklärung gibt wie für den Tod der Menschen. Diese materialistisch denkenden Menschen können nicht begreifen, dass *eine* äußere Erscheinung ebenso aussehen kann wie eine *andere* und doch ganz andere Ursachen haben kann.

Mit Lügenhaftigkeit versucht uns Ahriman.

Wir wissen aus geisteswissenschaftlichen Beobachtungen, dass bei dem Menschen in den Gliedern seiner Wesenheit, die ihm gewöhnlich nicht bewusst sind, im Astralleib und Ätherleib tätig sind besondere Mächte, im Astralleib die luziferischen Mächte, im Ätherleib die ahrimanischen Mächte, die Gegner der menschlichen Entwicklung sind. Alles, was mit dem Astralleib zu tun hat, wie Neid, kommt von den Versuchungen des Luzifer. Alles, was mit dem

Ätherleib zu tun hat, wie Lügenhaftigkeit, sind Versuchungen des Ahriman. Bei einem neidischen Kinde ist der Astralleib von Luzifer in einer gewissen Weise erfasst, da haben die luziferischen Wesenheiten ihre Angriffspunkte. Für Neid und Lüge gilt etwas sehr Bezeichnendes: Von den primitivsten Menschen an bis zu den entwickeltsten Führern der Menschheit gelten Neid und Lügenhaftigkeit für sehr verwerfliche Eigenschaften. Sobald der Mensch einsieht, er sei neidisch oder lügenhaft, dann taucht in der Seele auf ein Empfinden von dem Verwerflichen dieser Eigenschaften. Man will sie sich mit aller Macht abgewöhnen. Gerade Neid und Lügenhaftigkeit werden ganz instinktiv als verwerflich erscheinen.

Ahriman, der Lügengeist

Der ahrimanische Geist ist ein Lügengeist. Aus diesem ahrimanischen Geist heraus kann es selber vorkommen, dass sich Lügengeister dazu hergeben, das, was Fälschung ist, für Wahrheit zu erklären. Da ist es eben notwendig, dass man gerade aus der Tiefe des Weltgeschehens heraus den gründlichen Abscheu bekommt vor der Lüge. Diesen gründlichen Abscheu vor der Lüge, man bekommt ihn wahrhaftig, wenn man mit vollem Bewusstsein die Worte aussprechen kann: Der astralische Leib wird schlafend der Richter der Seele. Das Ich wird schlafend das Opfer seiner selbst.

Der Mensch im Einflussbereich von Erde, Sonne und Mond

Der Mensch folgt ja, indem er eingespannt ist in die Erden-Sonnensphäre, in seinen unterbewussten Kräften durchaus mehr den eigentlichen Erdenkräften. In seinen bewussten Tätigkeiten folgt er schon dem, was die Sonne auf die Erde sendet. Aber wenn man untersucht, was schwer ist, dasjenige, was mit all dem zusammenhängt, wodurch wir eine gewisse Schwere haben, wenn wir uns auf die Waagschale stellen, so ist das nicht bloß eine Gravitation, die Newton beschrieben hat, sondern das ist zu gleicher Zeit alles dasjenige, was wir als hereinspielend erleben in unser moralisches Leben. Bei der Sonne ist es wirklich so, wie der Dichter sagt: Sie scheint den Guten wie den Bösen. Ihr ist es gleichgültig. Untersucht man aber geisteswissenschaftlich die Erde, dann findet man: Ihr ist es nicht gleichgültig, sondern diese Erde ist der Ausdruck gewisser Kräfte, die sich herausheben wollen aus unserem gesamten Planetensystem. Wie der Mond sich hereingeschlichen hat, so möchte sich die Erde «drücken». Sie möchte heraus, sie möchte selbständig werden. Wir Menschen hätten etwas ganz Bestimmtes nicht, wenn wir nicht unter dem Einfluss dieser selbständig werden wollenden Erdenkräfte lebten: Wir hätten das Selbständigkeitsgefühl nicht. Könnten Sie, ohne durch die Erdenschwere niedergezogen zu werden, mit den Elementen sausen, Sie kämen nie zur Selbständigkeit. Nur dadurch, dass Sie stets von der Erde angezogen werden – wenn ich diesen Ausdruck gebrauchen darf, aber als den Ausdruck einer Tatsache, nicht einer Theorie –, dadurch entwickelt sich die Selbständigkeit. Und dazu ist dieser Erdeneinschluss in die Erden-Sonnensphäre da, dass er uns die Selbständigkeit gebe.

Der Sonneneinfluss bändigt die irdischen Instinkte.

Wenn wir Menschen nur dem Sonneneinfluss überlassen wären, würden wir eine Art Engel sein, aber dumm. Nicht, dass ich sagen will, die Engel seien dumm. Die Engel sind schon gescheit; aber wir wären eine Art Engel, jedoch nicht gescheit wie die Engel, sondern dumm. Denn uns fehlte das Selbständigkeitsgefühl. Wir wären nur Glieder in der Organisation des Kosmos. Dass wir selbständig sind, das verdanken wir dem Erdendasein. Wenn wir aber nur unter dem Einfluss des Erdendaseins wären, wenn die Sonne nicht auf uns wirkte, was wären wir dann?! – Bestien, Raubtiere, Wesen, welche die wildesten Instinkte entwickeln.

Hier haben Sie einen der Punkte, an dem Sie wirklich tief hineinschauen können in die Konstitution des Weltenalls, deshalb tief hineinschauen können, weil Sie sich sagen müssen: Das, was im Weltenall wirkt, kann nicht bloß von einer Seite her wirken. Denn würde es von einer Seite her wirken, so würde es eben ein radikales Extrem darstellen müssen. Wären wir nur unter Erdeneinfluss, so würde dieser Erdeneinfluss in uns die wildesten Instinkte entwickeln. Auflodern würden unsere wilden Instinktflammen. Würde er aber nicht wirken, der Erdeneinfluss, so würden wir nie selbständige Wesen werden. Er muss da sein, sonst würden wir nie selbständige Wesen werden. *Wir* müssen die Möglichkeit haben, wilde Tiere zu sein, damit wir selbständige Wesen werden können. Damit wir aber nicht wilde Tiere werden, muss entgegenwirken dem Erdeneinfluss der Sonneneinfluss, muss ihn paralysieren. Das geschieht. Und indem es so geschieht, blicken Sie durch auf den Ursprung des Bösen. Er ist einfach damit gegeben, dass wir ins Erdendasein eingespannt sind. So dass wir in der Tat auf der einen Seite einem radikalen Extrem ausgesetzt sind, dem Erdenextrem, welches, wenn es allein auf uns wirken würde, uns zu bösen Wesen machen würde, uns nur mit Illusionen anfüllen würde.

Lüge und Illusion als Bedingung von Intelligenz und Selbständigkeit

Unter der Illusion liegt die Möglichkeit, intelligente Menschen zu werden. Wäre alles dasjenige nicht da, was uns illusionsfähig macht, wir würden niemals intelligente Menschen werden. Kosmisch ausgedrückt: Wären wir nicht Geschöpfe des Mondes, wir wären auf der einen Seite nicht illusionsfähige Menschen, auf der andern Seite nicht intelligenzfähige Menschen. Wären wir nicht der Erde unterworfen und ihren Kräften, wir wären auf der einen Seite nicht der Möglichkeit des Bösen ausgesetzt; aber wir wären zu gleicher Zeit verurteilt, keine Selbständigkeit im Leben zu entwickeln.

Sie sehen, wie der Mensch die Möglichkeit haben muss, damit er intelligent sei, Illusionen zu haben. Er hatte durch lange Zeiten Illusionen. Dann kam sein Wille, der erst im Laufe der Zeit in seine Seelenkonstitution hineingeboren wurde, und er konnte die Illusion zum Ausflusse seines eigenen Wesens machen, er konnte ein Lügner werden. Denn die Lüge ist, objektiv, vom Menschen abgesehen, dasselbe wie die Illusion. Nur dass dasjenige, was der Wirklichkeit nicht entspricht, bei der Lüge willkürlich vom Menschen in Gegensatz gegen die Wirklichkeit gestellt wird.

Der Mond ist ein Lügner.

So ist dasjenige, was von der Mondensphäre hereinwirkt in den Menschen, gleichzeitig der Schöpfer, das Schöpferwesen seiner Intelligenz, gleichzeitig das Schöpferwesen seiner Lügenhaftigkeit. In alten Zeiten hat man so etwas eingesehen und hat Sprichworte aus Wahrheiten geformt. Wir Deutschen, wenn wir den Mond so sehen: ☽, sagen, man kann ihn ergänzen zu einem ʒ – der Mond nimmt zu. – Wenn wir den Mond so sehen: ☾, sagen wir, man kann ihn ergänzen zu einem ɑ – der Mond nimmt ab. – Wenn Sie schon ins Französische zurückgehen, also in die Nachwirkung der romanischen Sprache, da müssen Sie zu dem abnehmenden Mond sagen: La lune décroît, – von décroître. Da sagt der Mond nicht selber das, wie er sich benimmt; er sagt das Gegenteil. Dieser Mond hat nämlich erst für die Deutschen angefangen, die Wahrheit zu sagen. Daher das lateinische Sprichwort: Der Mond ist ein Lügner. – Aber dieses Sprichwort hat auch seine esoterische Seite; denn die Kräfte, die vom Monde kommen, sind zu gleicher Zeit die Kräfte des menschlichen Lügenwesens, und das Sprichwort: Der Mond ist ein Lügner – hat einen sehr, sehr tiefen Hintergrund, wie Sie jetzt gesehen haben. Nur als die Zivilisation über das 15. Jahrhundert heraufgekommen ist, da hat nun dieser Mond angefangen, in Bezug auf sein Äußeres für gewisse Sprachen die Wahrheit zu sagen, wie der Materialismus überhaupt in Bezug auf sein Äußeres die Wahrheit sagt. Aber mit Bezug auf sein Inneres ist der Mond jetzt erst recht ein Lügner.

VERSCHIEDENE FORMEN DER LÜGE

Auch Lügen aus Höflichkeit oder Konvention wirken wie grobsinnliche Unwahrheiten.

Von besonderer Bedeutung sind jene Wirkungen, die ausgeübt werden auf unseren physischen Leib durch alles dasjenige, was der Mensch in seiner Seele hat an Lüge, Verleumdung, Heuchelei. Der materialistische Sinn glaubt, dass Lüge, Verleumdung, Heuchelei etwas sind, was nur so schädlich wirkt, wie man es äußerlich beobachten kann. Das ist nicht so, sondern ganz feine, allerdings für einen mikroskopischen Apparat nicht wahrnehmbare Wirkungen gehen bis auf den physischen Leib. Geht dann die Seele im Schlaf heraus, so bleiben die Wirkungen im physischen Leib drinnen, und die werden von den Wesenheiten vorgefunden. Und dabei kommen nicht nur in Betracht diejenigen Seelenerlebnisse, die man im Grobsinnlichen als Lüge, Verleumdung, Heuchelei bezeichnet, sondern auch die feinen, konventionellen Lügen, zum Beispiel die, welche die Gesellschaftsordnung heute nötig macht. Lügen aus Höflichkeit oder Sitte und die ganze Skala, die angeführt werden kann von Unaufrichtigkeit und Heuchelei und kleinen Verleumdungen – selbst nur in Gedanken –, all das drückt sich aus in den Wirkungen auf den physischen Leib, und das wird vorgefunden von diesen herabrückenden Wesenheiten.

Die bewusste Lüge kann durch mich korrigiert werden, die unbewusste Lüge aber zerstört den Kosmos.

Man lässt sich auf der einen Seite erzählen, die Erde bewegt sich in einer Ellipse um die Sonne und hat sich entwickelt im Sinne der Kant-Laplace'schen Theorie, und unterschreibt dieses; und dann lässt man sich erzählen, im Beginne unserer Zeitrechnung habe in Palästina das und das stattgefunden. Man nimmt diese beiden Dinge, ohne sie miteinander in Beziehung zu bringen, man nimmt sie hin, und man denkt, das sei ohne Folge. Es ist nicht ohne Folge, denn wenn die Lüge bewusst aufgefasst wird, dann ist es weniger schlimm, als wenn die Lüge unbewusst figuriert und den Menschen herunterbringt, ihn barbarisiert. Denn wenn Sie die Lüge betrachten, wie sie im Bewusstsein ist, so geht sie mit dem Bewusstsein jedes Mal beim Einschlafen aus dem physischen und Ätherleib heraus, ist vorhanden im raumlosen, zeitlosen Sein, in dem ewigen Sein, wenn der Mensch im traumlosen Schlafe ist. Da wird vorbereitet alles dasjenige, was aus der Lüge werden kann in der Zukunft, das heißt, es wird vorbereitet alles dasjenige, was die Lüge wieder verbessern kann, wenn die Lüge im Bewusstsein sitzt. Wenn die Lüge aber im Unbewussten ist, dann bleibt sie im Bette liegen mit dem physischen und dem Ätherleib. Da gehört sie, während der Mensch nicht seinen physischen und seinen Ätherleib ausfüllt, dem Kosmos, nicht bloß dem irdischen Kosmos, sondern dem ganzen Kosmos an. Da arbeitet sie an der Zerstörung des Kosmos, vor allen Dingen an der Zerstörung der ganzen Menschheit, denn da beginnt die Zerstörung in der Menschheit selber.

Die Notlüge

Ein Verschweigen aus Liebe, eine Notlüge, ist immer eine sehr komplizierte Tat. Eine Notlüge aus Liebe kann eine Notwendigkeit sein, zunächst scheint sie ja unter Umständen eine gute Tat, aber auf sehr komplizierte Weise verbindet sie. Durch die Notlüge haben wir uns karmisch verbunden mit dem Betreffenden, und zwar mit seiner Schwäche haben wir uns verbunden. Wir werden später wieder etwas mit ihm zu tun haben. Wir werden ihm später die Wahrheit zu sagen haben. Wir werden später durch eine recht unsympathische Wahrheit, die wir ihm zu sagen haben, dies als einen Entwicklungsfaktor auszugleichen haben. Es ist gut, dass das so ist, denn wenn wir gezwungen sind zu einer Notlüge, so ist das schon karmisch, egoistisch also, denn eine Notlüge auch als Notlüge ist eine egoistische Tat, sie hat nichts zu tun mit einer wahren Liebestat. Denn ein Stückchen Klugheit gehört schon immer zur Notlüge. Sie geschieht nicht nur aus Liebesentscheidung. Auch bis in das Kleinste und Feinste des Menschenherzens leuchtet die Geisteswissenschaft hinein.

Logisches Denken ist nicht wirklichkeitsgemäßes Denken und führt zur Lüge.

Durchschauen müssen wird man immer mehr und mehr dasjenige, was Sie gerade in dem neuen Buch auseinandergesetzt finden werden: den Unterschied zwischen einem bloß richtigen, logisch richtigen Begriff und einem wirklichkeitsgemäßen Begriff. Ein logisch richtiger Begriff braucht noch nicht wirklichkeitsgemäß zu sein. Und das versuchte ich besonders herauszuarbeiten, was ein wirklichkeitsgemäßes Denken ist. Darauf beruht so unendlich viel Jammervolles in unserem Geistesleben, dass die Leute glauben, wenn sie irgendetwas logisch denken können, so sei das auch schon wirklichkeitsgemäß. Aber wirklichkeitsgemäßes Denken ist etwas anderes als bloß richtiges Denken. Wenn Sie hier einen Baumstamm liegen sehen: Er ist eine äußere Wirklichkeit. Wenn Sie ihn denken, diesen Baumstamm, ist er keine Wirklichkeit, denn er kann nicht als solcher existieren. Er muss die Triebe in sich haben, die sich in Zweigen und Blättern und Blüten entwickeln. Er ist eine wirkliche Lüge, ein «wirkliches Unwirkliches» ist er, der Baumstamm, weil das Bild, das er Ihnen bietet, nicht da sein kann. Wirklichkeitsgemäß denkt nur derjenige, der fühlt, indem er einen Baumstamm denkt, dass er etwas Unwirkliches denkt. Und so bestehen die meisten der heutigen Wissenschaften aus Gedanken über Unwirklichkeiten. Die Geologie denkt heute die Erde rein mineralisch. Aber dieses Mineralische der Erde gibt es gar nicht, es existiert nicht für sich, geradeso wenig wie ein Baumstamm für sich existiert; denn das Mineralreich der Erde enthält schon die Pflanzen, Tiere und Menschen in sich, und nur, wenn man das Letztere mit dem Mineral zusammengefügt denkt, denkt man eine Wirklichkeit. Die Geologie ist eine ganz unwirkliche Wissenschaft.

VOM WESEN DER LÜGE

Neid und Lügenhaftigkeit

Wir wollen heute einmal in dieser Zweigversammlung den Ausgangspunkt von einigen Lebensfragen nehmen, die das unmittelbare Menschenleben berühren. Dann wollen wir ein wenig zu höheren spirituellen Gesichtspunkten aufsteigen. Ich möchte von zwei menschlichen Eigenschaften ausgehen, zwei menschlichen Fehlern oder Untugenden, die als etwas Unsympathisches empfunden werden, als etwas, was des Menschen Wert herabmindert. Wir wollen über das sprechen, was man den Neid und die Lügenhaftigkeit nennt.

Wenn Sie im Leben Umschau halten, werden Sie leicht finden, dass gegen diese beiden menschlichen Eigenschaften eine ganz natürliche Antipathie herrscht. Und auch wenn wir zu Menschen hinaufsehen, die führend für andere Menschen im Leben stehen, sehen wir, dass von ihnen Wert darauf gelegt wird, gerade diese beiden Untugenden nicht zu haben. Zum Beispiel *Goethe,* der sich viel damit beschäftigt hat, Seelenerkenntnis zu üben, über seine Fehler nachzudenken, erwähnt: Ich habe diesen oder jenen Fehler, diese oder jene Vorzüge, aber was mir das Wichtigste scheint, ist, dass ich den eigentlichen Neid nicht unter meine Untugenden rechnen kann. – Und der große *Benvenuto Cellini* sagt, er sei froh, dass er sich keiner Lüge zu zeihen brauche. – So sehen wir, dass diese großen Persönlichkeiten die Wichtigkeit, diese beiden menschlichen Eigenschaften zu bekämpfen, empfanden. Und der einfachste, naivste Mensch stimmt in der Wertung beziehungsweise in der Antipathie diesen Untugenden gegenüber mit den Führern der Menschheit überein.

Neid und Lüge als Zeichen des Egoismus

Wenn wir uns fragen, warum diese beiden Eigenschaften ganz instinktiv verurteilt werden, so werden wir gewahr werden, dass kaum etwas so wenig einer der wichtigsten irdischen Eigenschaften entspricht wie Neid und Lüge. Wenig entsprechen sie dem, was wir das Mitfühlen mit anderen Menschen nennen. Denn wenn wir irgendjemanden beneiden, so sind wir nicht geneigt, uns jener Tugend hinzugeben, die auf den tiefsten, innersten Wesenskern, auf das Göttliche des anderen Menschen eingeht. Denn Mitfühlen hat erst dann Wert, wenn wir nicht nur Mitgefühl haben, sondern wenn wir den Kern, die geistige Wesenheit des anderen Menschen schätzen können. Menschenschätzung aber, als Grundlage des Mitgefühls, schließt in sich, dass wir die Vorzüge des anderen Menschen gelten lassen und uns über die Erfolge, die Entwicklungsstufen anderer Menschen freuen können. Und das alles schließt den Neid aus. Neid zeigt sich als Eigenschaft, die mit dem allerstärksten Egoismus des Menschen nahe zusammenhängt.

Ein Gleiches können wir von der Lüge sagen. Wenn wir eine Unwahrheit sagen, so übertreten wir das Gesetz, hinsichtlich der Wahrheit, ein alle Menschen umfassendes Band zu begründen. Was Wahrheit ist, ist für alle Menschen Wahrheit, und in nichts können wir so üben, ein Bewusstsein zu entwickeln, das alle Menschen umfasst, als in der Wahrheit. Sagen wir eine Unwahrheit, so begehen wir einen Frevel gegen das Band, das sich von Menschenbrust zu Menschenbrust schlingen sollte. So stellen sich die Dinge dar, wenn wir sie als Menschen betrachten. Und wenn wir sie geisteswissenschaftlich betrachten, so wissen wir, dass sich in diesem Leben unsere früheren Verkörperungen auswirken und dass wir mancherlei Einflüssen ausgesetzt sind. Zwei große Einflüsse müssen immer wieder durchgemacht werden: die beiden Einflüsse, die wir den luziferischen und den ahrimanischen Einfluss nennen. …

Wenn wir eine Anwandlung von Neid haben, packt uns Luzifer an unseren Trieben in unserem Astralleib.

Ahriman dagegen hat Einfluss auf unseren Ätherleib, und alles, was mit Störungen des Urteils zusammenhängt, ist auf ihn zurückzuführen, sowohl das Unwillkürliche, wenn wir ein falsches Urteil fällen, als auch das Willkürliche, wenn wir eine Lüge sagen. Verfallen wir der Lügenhaftigkeit, so wirkt in unserem Ätherleib Ahriman.

Interessant ist es, dass wir Menschen diese Einwirkungen so stark fühlen, dass wir eine derart starke Antipathie haben, wenn sie auftreten, und dass die Menschen alles tun, um diese beiden Eigenschaften, Lüge und Neid, zu bekämpfen. Es wird nicht leicht Menschen geben, die bewusst gestehen: Ich will neidisch sein. – Zwar hat sich in der deutschen Sprache ein Sprachgebrauch eingeschlichen: Ich beneide dich. – Aber das ist nicht so schlimm gemeint. Der Mensch meint damit nicht den eigentlichen Neid. Sobald wir merken, dass wir neidisch sind, dass wir lügen, tun wir jedenfalls alles, es zu bekämpfen. Damit nehmen wir also auf diesem Gebiete den Kampf gegen Luzifer und Ahriman auf.

Die Masken von Neid und Lügenhaftigkeit

Nun tritt aber häufig etwas auf, was wir beachten sollen, wenn wir uns der Geisteswissenschaft widmen. Wir können die einzelnen Anwandlungen von Neid und Lüge bekämpfen, aber wenn diese Eigenschaften in unserer Seele sitzen, wenn wir sie in früheren Inkarnationen erworben haben und sie nun bekämpfen, dann treten sie als andere Eigenschaften auf. Wenn wir versuchen, eine aus früheren Inkarnationen herrührende Neigung zum Neid zu bekämpfen, so nimmt der Neid eine Maske an. Luzifer sagt: Der Mensch kämpft gegen mich, er ist auf sein Neidgefühl aufmerksam geworden. Ich übergebe diesen Menschen meinem Bruder Ahriman. – Und es tritt eine andere Wirkung ein, die eine Folge der Bekämpfung des Neides ist. Bekämpfte Eigenschaften treten in Masken auf. Und der Neid, den wir bekämpfen, tritt dann häufig im Leben so auf, dass wir die Begierde bekommen, die Fehler anderer Menschen aufzusuchen und recht viel zu tadeln. Wir begegnen im Leben manchem Menschen, der wie mit einer gewissen hellsichtigen Kraft immer die Fehler und Schattenseiten anderer Menschen herausfindet, und wenn wir dieser Erscheinung auf den Grund gehen, so liegt er darin, dass der Neid sich in Tadelsucht umgewandelt hat, und diese scheint dem betreffenden Menschen eine recht gute Eigenschaft zu sein. Es ist gut, so sagen sie, dass man auf das Vorhandensein dieser schlechten Eigenschaften aufmerksam macht. Hinter solcher Tadelsucht steckt aber nichts anderes als umgewandelter, maskierter Neid. Und wir sollten lernen zu erkennen, ob solche Eigenschaften ursprünglich sind oder ob sie aus anderen umgewandelt sind. Da müssen wir überlegen, ob jemand in der Jugend neidisch war. Vielleicht haben wir ihm diesen Neid ausgetrieben, er ist jetzt ein tadelsüchtiger Mensch geworden.

Auch die Lüge wandelt sich im Leben sehr häufig und zeigt sich in anderer Maske. Lügenhaftigkeit kann dazu führen, dass wir uns ihrer schämen. Aber wir rotten sie nicht leicht mit der Wurzel aus, sie wandelt sich sehr häufig in eine gewisse Oberflächlichkeit gegenüber der Wahrheit. Es ist wichtig, dass wir so etwas wissen, dann beachten wir, was uns an einem anderen Menschen im Leben gegenübertritt. Solche Menschen sind mit einer Antwort befriedigt, von der wir uns fragen: Wie kann er von einer solchen Antwort befriedigt sein? – Sie sagen leicht: Ja, ja, so ist es, so ist es! – Das ist sehr häufig das Umwandlungsprodukt der eigentlichen Lügenhaftigkeit. Wir müssen das Karmagesetz insbesondere auf solche Eigenschaften hin prüfen. Die Menschen achten nicht darauf, denn sie sind die vergesslichste Rasse gegenüber allen anderen, die sich auf den verschiedenen Planen geltend machen.

Auswirkung der Lügenhaftigkeit auf das Leben

Lügenhaftigkeit ist eine Eigenschaft des Ätherleibes und rührt von Ahriman her. Wenn der Mensch in einem gewissen Alter gewohnheitsmäßig Lügenhaftigkeit an sich hat oder wenn er durch schlechte Erziehung überhaupt viel lügt, so zeigt sich immer im späteren Lebensalter eine gewisse Scheuheit, eine Unmöglichkeit, die Augen aufzuschlagen vor den Leuten. Gewisse sprichwörtliche Regeln auf moralischem Gebiete treffen hier sehr gut das Rechte. Wenn man sagt: Dieser Mensch kann mir nicht in die

Augen schauen –, so wirkt sich da Lügenhaftigkeit aus. Scheu und Unselbständigkeit treten als seelische Eigenschaften in demselben Leben auf. Wenn man das Leben ebenso beobachten will, wie der Physiker den äußeren Verlauf der Welt betrachtet, so kann man solche Sachen beobachten. Das Leben wird dadurch lichtvoll.

Das Böse in uns sind unrecht angewandte Verwandlungskräfte.

Dann steigt man allmählich wirklich zu einer solchen Phase, einem solchen Zustande seiner Entwicklung auf, in dem es möglich wird – wenn man sich das Sehertum hinzuerwirbt –, sich auch zu verwandeln in die Wesenheiten draußen. Man merkt, man hat in sich die Kraft, sich in die Wesenheiten draußen zu verwandeln. Man kann sich in alle andern Menschen verwandeln. Der Mensch ist unendlicher Metamorphosen fähig in dieser Beziehung, aber es muss in der geschilderten Weise geübt werden. …

Erlangt man das Gefühl der Verwandlungsfähigkeit wirklich, so kann es einen nicht zum Hochmut bringen; denn jede einzelne Verwandlung sagt einem, dass man nicht so viel wert ist wie das Wesen, in das man sich erst verwandeln muss. Dass man das Gefühl der Verwandlungsfähigkeit hat, bringt einen dazu, demütig zu werden. Ein Gefühl tiefster religiöser Demut ist verbunden mit dem Gefühl der Verwandlungsfähigkeit.

Aber eine andere Frage können wir aufwerfen: Wir rufen aus unserem Inneren diese Kräfte der Verwandlungsfähigkeit heraus; sind sie also nicht fortwährend in uns? Ja, die Kräfte sind immer in uns. Geradeso, wie die Kräfte der Imagination immer in uns sind, wir sie aber hervorrufen müssen, um geistige Wesen wahrzunehmen, so sind auch die Kräfte des Sich-Verwandelns immerfort in uns. Nur, um sie bewusst zu haben, müssen wir sie auf die geschilderte Weise entwickeln. Wir sind in jedem Augenblick nicht nur wir selber, sondern auch jedes andere Wesen, nur entwickeln wir uns nicht dazu, weil wir unser Bewusstsein nicht zu dem andern Wesen erweitern. Warum ist das so? Das wird uns am besten klar, wenn wir einen der Fälle im Leben betrachten, wo der Mensch auf dem gewöhnlichen physischen Plan sich in ein anderes Wesen verwandelt.

Es kommt allerdings vor auf dem physischen Plan, dass man die Kräfte gebraucht, die sonst die Verwandlungskräfte sind. Man gebraucht sie, ohne dass man davon etwas weiß. Man gebraucht sie jedes Mal, wenn man seinen Mitmenschen dadurch Unrecht zufügt, dass man seinen eigenen Willen in ungerechtfertigter Weise zum Herrn über andere macht. Es fängt schon damit an, wenn man den anderen anlügt. Durch die Lüge fügt man ihm ein Stück Unrichtiges ein. Man gewinnt eine gewisse Macht über ihn, weil die Lüge in dem anderen weiterwirkt.

So ist es auch, wenn man etwas Böses tut. Die Kräfte, mit denen man etwas Böses tut in der Welt, das sind diese Verwandlungskräfte, nur am unrechten Orte angewendet. Alles Böse in der Welt ist die unrechtmäßige Anwendung dieser Verwandlungskräfte. Es gestattet wahrhaftig, tiefe Blicke hineinzutun in das Geheimnis des Daseins, wenn man weiß, woher das Unrecht, das Böse, das Verbrechen und das Unheil kommt, das in der Welt geschieht. Dadurch geschieht es, dass der Mensch die besten, heiligsten Kräfte, die vorhanden sind, nämlich die Verwandlungskräfte, in verkehrter Weise anwendet. Es gäbe kein Böses in der Welt, wenn es nicht die heiligsten Verwandlungskräfte gäbe. Ich habe sogar einmal in einem öffentlichen Vortrag auf diese Eigentümlichkeit hingedeutet, dass das Böse eine verkehrte Anwendung von Kräften ist, die, an ihrem Ort angewendet, zu einem höchsten Guten führen würden.

DIE WIRKUNG DER LÜGE IN DIESEM LEBEN

Lügenhaftigkeit zerreißt das Band des Mitgefühls.

Und in gefühlsmäßiger Art findet sich doch in allen menschlichen Herzen etwas, was in gewisser Weise immer ausspricht: Suchet nach einem Bande, das alle Menschen zusammenhält, das sich immer von Seele zu Seele schlingt, und ihr werdet es finden. – Und das entsprechende Gefühl drückt sich aus in dem Worte «Mitgefühl». Mitgefühl ist eine so allgemeine menschliche Eigenschaft, dass wir sagen müssen: Es kündigt sich in diesem Mitgefühl wie dunkel an das Band, das von jeder Seele zu jeder Seele geht. – Und da fühlt man wiederum im Unterbewusstsein, wie man gerade mit Lügenhaftigkeit und Neid gegen das Mitgefühl, gegen die Anerkennung des in allen Menschen Gemeinsamen im eminentesten Sinn verstößt.

Was tun wir denn eigentlich, wenn wir einem Menschen eine Lüge sagen? Nichts anderes tun wir, als eine Scheidewand zwischen uns und ihm aufrichten. Was uns mit ihm verbinden sollte, das gemeinsame Wissen um irgendeine Wahrheit, die in unserer und in seiner Seele leben müsste, wenn die Dinge richtig wären, dies zerreißen wir, indem wir ihm eine Unwahrheit sagen. Wir anerkennen in dem Augenblick, wo wir die Unwahrheit sagen, nicht, dass wir eigentlich mit dem besten Teil unseres Selbstes auch im anderen leben sollten.

Und wenn wir jemand beneiden, sei es um Fähigkeiten, sei es um anderes im Leben, dann versündigen wir uns in der Art gegen das Mitgefühl, dass wir den Menschen nicht als das anerkennen, was er eigentlich uns sein müsste, als etwas, was doch zu uns gehört und über dessen Vorzüge und Gaben und Glücksfälle wir uns eigentlich freuen müssten, wenn wir uns so recht mit ihm verbunden fühlten.

Also gegen das Schönste im Menschenleben, gegen das Mitgefühl, versündigen wir uns, wenn wir neidische und lügenhafte Menschen sind. Und warum drückt sich denn eigentlich dies in einer so vehementen Weise in der Unzufriedenheit über diese beiden Eigenschaften aus? Warum denn? Nun, beide Eigenschaften können uns so recht zeigen, wie das, was in unserer Seele sitzt, sich fortpflanzt, fortschreitet zu den Hüllen unserer Wesenheit und eine Bedeutung hat für diese Hüllen.

Verantwortung übernehmen für die eigene Gedankenwelt

Das ist also die feinere Unterscheidung: Was wir durch uns selbst nur in uns eingraben, was durch den geisteswissenschaftlichen Inhalt eingegraben wird in die allgemeine Weltensubstanzialität; und was in diese allgemeine Weltensubstanzialität eingegraben wird dadurch, dass Luzifer als Verführer oder Versucher und Ahriman als Lügengeist wirkt.

Das, was oftmals in phrasenhafter Weise vorgebracht wird: man solle sich hüten, nur ja nicht Ahriman, nur ja nicht Luzifer zu verfallen, das hat natürlich gar keinen Wert. Aber die Frage muss uns doch, gerade wenn wir erstens die Notwendigkeit und zweitens die Aufgabe der Geisteswissenschaft verstehen, mit aller Lebendigkeit vor die Seele treten: Um was handelt es sich denn also für denjenigen, der durchschauen kann, was der Menschheit nottut, mit den geisteswissenschaftlichen Inhalten? Es handelt sich um das Wissen, dass wir eben in jene Weltepoche schon hinübergehen, sie vorbereiten, in der wiederum, nun aber nicht, was uns vorgedacht ist, sondern was wir selber denken, in die allgemeine Weltensubstanzialität eingetragen wird. Und wenn man dies berücksichtigt, dann wird aus dieser Wahrheit fließen das Gefühl der Verantwortlichkeit für alles, was wir vollziehen innerhalb unserer Gedankenwelt, das Gefühl der Verantwortlichkeit für das, was wir denken. Es liegt ja dem Menschen so nahe zu glauben – und, wie gesagt, bis zur abgelaufenen Zeit war es ja im Wesentlichen auch richtig –, Gedanken hätten keine objektive Bedeutung. In unserer Zeit beginnt es schon stark so zu sein, dass eine wirkliche Lüge, eine wirkliche

Unwahrheit im gestern charakterisierten Sinne übernommen wird von Ahriman und eben eingegraben wird in die allgemeine Weltensubstanzialität. Daraus geht aber hervor, wie die Menschen nach und nach sich werden angewöhnen müssen, sich zum Denken zu stellen.

Zu rasch gefasste Gedanken benutzt Ahriman.

Für die nächste Zeit, für viele Jahrtausende kommt es darauf an, dass wir uns als Menschen Verantwortlichkeitsgefühl aneignen für einen Gedanken, den wir fassen. Und man kann ungefähr das Gedankenfassen so verstehen, dass der Gedanke so weit ist, dass wir ihn in die Sprache übersetzen und eventuell zur Mitteilung geeignet machen. Solange wir ihn nicht erst so formuliert haben, dass wir den Gedanken zur Mitteilung geeignet machen, solange hat der Gedanke allerdings nicht das Stadium erreicht, wo Ahriman viel anfangen kann. Haben wir aber den Gedanken so weit getrieben, dass wir ihn zur Mitteilung reif halten, das heißt, dass wir einmal bereit sind, in der Zeit, die da kommt, den Gedanken mitzuteilen, dann, dann passt Ahriman auf, um den Gedanken zu haben und ihn hineinzusetzen in die allgemeine Weltensubstanzialität. Verbunden muss sein mit dem Achtgeben darauf, dass wir zuletzt richtig formulierte Gedanken haben, denen gegenüber wir die Verantwortung übernehmen können, dass wir uns aneignen, überhaupt das Denken wie ein Suchen zu behandeln. Wir haben als Menschen heute noch – das ist das Erbstück des vierten nachatlantischen Zeitraums und das Noch-nicht-Entwickelte des fünften nachatlantischen Zeitraums – zu stark das Bewusstsein, dass wir jeden Gedanken gleich formulieren dürfen. Das Denken ist uns gar nicht dazu gegeben, um gleich Gedanken fertig zu machen! Es ist uns vielmehr zum Suchen gegeben, damit wir nachgehen den Tatsachen, sie zusammentragen und wenden nach allen Seiten. Nicht wahr, so wie der Mensch heute ist, formt er am liebsten rasch einen Gedanken, den er dann so rasch wie möglich auch über die Lippen bringt oder aufs Papier hinschreibt oder so etwas. Er will ihn möglichst rasch in der Welt draußen haben. Aber nicht dazu ist uns das Denken gegeben, um voreilig den Gedanken zu bilden, sondern um zu suchen, das Denken als Operation anzusehen, als etwas, das womöglich lange in diesem Gestalten bleibt. Und suspendieren sollte man gewissermaßen den formulierten Gedanken, bis man vor sich selber verantworten kann, man habe eine Tatsache nach allen Seiten gedreht und gewendet, so dass sie nicht mehr eine Tatsache ist, der gegenüber sechsundzwanzig Menschen Falsches aussagen, wie ich charakterisierte, und nur vier ein annähernd Richtiges. Denn dreißig sind davor gesessen!

Es wird ungeheuer viel davon abhängen, dass eine Anzahl von Menschen gerade diese geforderte Tatsache, die ich jetzt charakterisiert habe, auffasst. Denn es ist heute eigentlich gar nicht auszudenken, wie gegen diese Maxime, das Denken zum Suchen zu verwenden und möglichst lange den fertigen Gedanken zu suspendieren, gesündigt wird. Und deshalb durchschwirren Lügengespinste unsere Welt, deshalb wird die Lüge immer mehr und mehr zur Gewohnheit. Aber indem der Hang zur Lüge, die Tendenz zur Lüge unsere Menschheit ergreift, geht die Menschheit direkt in die Dekadenz über, und ein fortwährendes Hin- und Herpendeln zwischen Ahriman und Luzifer findet statt.

Lügenhaftigkeit wirkt weiter.

Wie viele Menschen gibt es, die, wenn sie eine Sünde, eine Lüge oder einen Irrtum begehen, sagen: Das ist etwas, was in der menschlichen Seele vorgeht – und im Gegensatze dazu, wenn etwa ein Stein vom Dache fällt: Das ist etwas, was draußen vorgeht. – Da wird man nach grobsinnlichem Begreifen leicht dem Menschen klarmachen können: Wenn ein Stein vom Dache fällt, oder vielleicht zufällig ins Wasser fällt, da werden im Wasser Wellen erregt, die weiterspielen und so weiter, so dass das alles Wirkungen hat, die sich im Geheimen fortsetzen; aber was in der Seele eines Menschen vorgeht, das ist abgeschlossen von allem anderen. Daher haben die Menschen glauben können, dass es überhaupt eine Angelegenheit der Seele ist, sagen wir, zu sündigen, zu irren und das wiedergutzumachen. Auf ein solches Bewusstsein müsste eines, was wenigstens einer größeren Anzahl von uns in den letzten zwei Jahren entgegengetreten ist, grotesk wirken. Ich möchte in dem Rosenkreuzerdrama «Die Pforte der Einweihung» an die Szene erinnern, wo Capesius und Strader auftreten in der astralen Welt und wo gezeigt wird, wie das, was sie denken, reden und fühlen, nicht bedeutungslos ist für die objektive Welt, für den Makrokosmos, sondern geradezu Stürme entfesselt in den Elementen.

Durch eine Lüge wird der Wert des eigenen Ich geringer.

Nun haben wir in dem Erdenleben nur ein einziges menschliches Glied, an dessen Entwicklung wir wirklich arbeiten können, das ist unser Ich. An der Entwicklung unseres Ich können wir in einer gewissen Weise arbeiten. Was heißt nun, im geistigen Sinne, an der Entwicklung seines Ich arbeiten? Wenn wir diese Frage beantworten wollen, müssen wir uns klar darüber sein, was die Arbeit am Ich notwendig macht. Nehmen wir an, ein Mensch geht auf den anderen los und sagt ihm: Du bist ein schlechter Mensch. Wenn das nicht stimmt, so hat der Betreffende eine Unwahrheit gesagt. Was bedeutet eine solche Aussage des Ich, die eine Unwahrheit ist? Ja, diese Aussage des Ich, die eine Unwahrheit ist, die bedeutet, dass von dem Zeitpunkt an das Ich weniger wert geworden ist. Das ist die objektive Bedeutung der Unmoralität. Wir sind mehr wert vor dem Augenblick, wo wir eine Unwahrheit gesagt haben, als nachher, nachdem wir die Unwahrheit ausgesprochen haben. Und messen Sie alle Räume und alle Zeiten aus: Der Wert Ihres Ich wird geringer für alle Räume und alle Zeiten, für alle Unendlichkeit und alle Ewigkeit, wenn Sie ihn durch eine solche Sache geringer gemacht haben.

Nicht nur die Lüge als Tat, sondern auch mein seelisches Verhältnis zu ihr hat Wirkung.

Der Mensch nimmt sich entweder Lebenskräfte oder er fügt sich solche hinzu durch das, was er hinunterschickt aus seinem Bewusstseinszustand in die unterbewussten Zustände. Und wenn der Mensch Wohlgefallen oder auch nur Nachsicht hat gegenüber einer Lüge, die er begeht, nicht Abscheu hat, was das normale Gefühl gegenüber der Lüge ist, sondern in Bezug auf das Lügen lässig ist oder sogar Wohlgefallen daran hat, so wird dasjenige, was Gefühlszusatz ist gegenüber dem, was man lügt, hinuntergeschickt in das Unterbewusstsein. Das, was hier in das Unterbewusstsein geht, das verdirbt die Blutzirkulation, die Atemverfassung und die Kräfte des Ätherleibes; und die Folge davon ist, dass der Mensch in Bezug auf alles das, was ihm bleibt, wenn er durch die Pforte des Todes geht, sich durch dieses, was eben geschildert worden ist, verkümmert macht, dass er ärmer geworden ist an Kräften, dass etwas in ihm erstorben ist, was aufgelebt wäre, wenn der Mensch Abscheu, Ekelgefühl gehabt haben würde vor der Lüge, weil dies das normale Gefühl ihr gegenüber ist. Denn würde hinuntergetaucht sein das, was Abscheugefühle sind gegenüber der Lüge, so würde sich das übertragen haben auf die Kräfte, die hier verzeichnet sind, und der Mensch würde etwas Förderndes, etwas von den Entstehekräften in seinen Organismus hineingeschickt haben.

Einfluss der Lüge auf den Ätherleib des Menschen

Bei der Lügenhaftigkeit ist es wiederum so, dass sie, und auch jede einzelne Lüge, sich im Ätherleibe ausdrückt. Der Ätherleib verliert an Lebenskraft und Lebensenergie, wenn der Mensch verlogen ist. Das kann man sogar äußerlich konstatieren. So sonderbar es für unser Zeitalter klingt, wahr ist es aber doch, dass bei Menschen, die viel lügen, zum Beispiel Wunden unter sonst gleichen Bedingungen schwerer zu heilen sind als bei wahrhaften Menschen. Selbstverständlich darf man da nicht absolut schließen, es können auch andere Gründe da sein. Aber alles Übrige in gleicher Art vorausgesetzt, sind bei verlogenen Menschen Wunden schwerer zu heilen als bei wahrhaftigen Menschen. Es ist gut, solche Dinge im Leben zu beachten. Und das ist auch leicht erklärlich. Der Ätherleib des Menschen ist das eigentliche Lebensprinzip, ist das, was die Lebenskräfte enthalten muss. Diese werden aber untergraben durch die Lügenhaftigkeit. So dass nicht so viel Lebenskraft von dem Ätherleib abgegeben werden kann, wie es zu einer Heilung notwendig ist, wenn dieser Ätherleib die Lebenskraft durch Lügenhaftigkeit entzogen bekommen hat, wenn er das nicht hat, dass er immer durchdrungen war von jenen Bewegungen, von jenen Tatbeständen, die von der Wahrhaftigkeit herrühren. Wir sollten solche Dinge wohl beachten, denn wir werden das Leben in mancher Beziehung besser verstehen, wenn wir dies tun.

Luziferischer Einfluss in diesem Leben

Das wollen wir also einmal einfach als Ergebnis der geisteswissenschaftlichen Forschung hingestellt sein lassen, dass der luziferische Einfluss im Astralleibe: Selbstsucht, im Ätherleibe: Lüge und Unwahrhaftigkeit, im physischen Leibe: Krankheit und Tod bewirkt. Was müsste nun die germanisch-nordische Mythologie gesagt haben, wenn sie dem Loki, dem Luzifer, zugeschrieben hätte, dass dieses dreifache Wirken von ihm herkommen kann? Sie musste sagen: Loki hat drei Sprösslinge. Der Erste ist der, welcher Selbstsucht bewirkt. Das ist die Midgardschlange, dasjenige, womit der Einfluss des luziferischen Geistes auf den Astralleib ausgedrückt ist. Das Zweite ist das, was in das menschliche Erkennen sich hineinmischt als das Unrichtige. Beim Menschen auf dem physischen Plane sind es die Dinge, die in seinem Geiste leben und mit der Außenwelt nicht übereinstimmen. Da ist es das, was nicht wahr ist. Bei den nordischen Menschen, die noch mehr auf dem Astralplane lebten, lebte sich das, was bei uns abstrakte Lüge ist, gleich als astralische Wesenheit aus und lebte als solche auf dem astralischen Plan. Der Ausdruck für alles, was Verfinsterung, nicht richtiges Sehen ist, ist irgendein tierisches Wesen, hier im Norden hauptsächlich der Fenriswolf. Das ist das Zweite, der Einfluss auf den Ätherleib von Seiten des Loki, der bewirkt, dass der Mensch von innen heraus den Trieb hat, sich zu täuschen, unwahrhaft über die Dinge zu denken, das heißt, es erscheinen ihm die Dinge in der Außenwelt nicht in der richtigen Weise.

Die Wolfsgestalt als astrale Figur für Lüge und Unwahrhaftigkeit

Wo der Mensch in Beziehung zur äußeren Welt tritt, begegnet sich schon Luzifer mit Ahriman, so dass aller Irrtum, der sich in die Erkenntnis einschleicht – auch in die hellseherische Erkenntnis –, alle Illusion und alle Maja, die Folge des Hanges zur Unwahrhaftigkeit ist, der da hineinspielt. In dem Fenriswolf haben wir also die Gestaltung zu sehen, welche der Mensch um sich herum hat dadurch, dass er die Dinge nicht in der wahren Gestalt sieht. Da, wo sich den alten nordischen Menschen irgendetwas von äußerem Licht, von der Wahrheit, verdunkelt, da spricht er von einem Wolfe. Das geht durch das ganze nordische Bewusstsein, und Sie werden finden, dass das Bild bis auf die äußeren Tatsachen überall in diesem Sinne gebraucht wird.

DIE WIRKUNG DER LÜGE IM SCHLAF

Von den geistigen Wesenheiten, die nachts am Aufbau des physischen Leibes arbeiten, werden Stücke abgerissen.

Und dadurch, dass das drinnen ist in der Nacht im physischen Leibe, wird etwas Besonderes bewirkt. Dadurch werden immer Stücke abgerissen von der Substanz dieser in den Leib sich hineinsenkenden Wesenheiten. Abschnüren müssen sich dadurch gewisse Teile der höheren Wesenheiten. Die Folge von Lüge und Heuchelei und Verleumdung am Tag ist die Abschnürung gewisser Wesenheiten in der Nacht, die dadurch eine gewisse Verwandtschaft haben zum physischen Menschenleib. Diese Wesenheiten gewinnen dadurch ein selbständiges Dasein in der uns umgebenden geistigen Welt; es sind Wesenheiten, die wir rechnen zur Klasse der Phantome. Phantome sind solche geistige Wesenheiten, die also in ihrem Äußeren physiognomische Ausdrücke sind, in einer gewissen Weise Nachbildungen der menschlichen Leibesglieder und Gestalt. Sie sind von so dünner Materialität, dass das physische Auge sie nicht sehen kann, sie sind aber sozusagen von physischer Form. Da sieht der Hellseher durch die Luft schwirren Stücke von menschlichen Köpfen, menschlichen Händen, ganze Gestalten, ja das Innere von menschlichen Leibern sieht er herumschwirren, den Magen, das Herz, er sieht all die Phantome, die auf diese Weise sich losgeschnürt haben, dass der Mensch dasjenige seinem physischen Leib übergeben hat, was die Folge ist von Lüge, Heuchelei und Verleumdung.

Es sind die Wesen der dritten Hierarchie, die davon betroffen sind.

Und diejenigen Wesenheiten, die da auf und ab schweben, die beschäftigen sich während unserer Schlafstunden mit demjenigen, was da als Spuren in unserem Ätherleib zurückgeblieben ist. Das wird ihre Welt. Das wird ihre Welt, die ihre Erfahrung jetzt ist, die sie beschäftigt. Und uns geht die Tatsache auf, vor der wir mit scheuer Ehrfurcht stehen: Du hast deinen Leib im Bette zurückgelassen – da ist er. Er trägt in sich die Spuren des Tageslebens. Er ist der Acker deiner Vorstellungsfrüchte vom Tage. Diesen Acker betreten die Wesenheiten der dritten Hierarchie, Angeloi, Archangeloi, Archai. Da drinnen erleben sie, während du außerhalb deines physischen und Ätherleibes bist, dasjenige, was durch Menschen während der wachenden Tagesstunden in Vorstellungen erlebt worden ist.

Und wir schauen eben in scheuer Ehrfurcht hin auf eine solche Erdenfläche, in der Menschenleiber zurückgelassen sind im Schlafe, und hinwandelnd nach demjenigen, was sich da als Nachklänge des Tageslebens abspielt: Angeloi, Archangeloi, Archai. Und ein wunderbares Leben sehen wir sich vor uns entwickeln, das sich abspielt zwischen den Wesenheiten der dritten Hierarchie und unseren hinterlassenen Gedankenspuren.

Wir schauen hin auf dieses Feld und vernehmen, wie wir als Menschen in den geistigen Kosmos hineingestellt sind: dass wir den Engeln Arbeit schaffen für unsere Schlafstunden, während wir wachen. Ja, wir schaffen den Engeln Arbeit für die Schlafstunden, während wir wachen.

Und jetzt geht uns etwas auf über unsere Gedankenwelt. Jetzt geht uns das über unsere Gedankenwelt auf: Ja, diese Gedanken, die dir durch den Kopf gehen, die enthalten ja die Früchte, die du in deinen eigenen Ätherleib und physischen Leib hineinsenkst, welche Engel während der nächtlichen Zeit pflücken, um sie hinauszutragen in den Kosmos und dort den Weltenwirkungen einzuverleiben.

Aus Heuchelei, Unwahrheit und Verleumdung entstandene Phantome hemmen die menschliche Entwicklung.

Überblicken wir die materielle Wirklichkeit: Wir wissen, wie unser Leben gespickt ist mit allerlei Unwahrhaftigkeiten. Wenn die Leute sich etwas sagen, was sie nicht so meinen, so ist es damit wie der Abdruck von einem Petschaft im Siegellack. Dieser Abdruck bleibt. Alle Heuchelei, Unwahrheit, Verleumdung bleibt wie ein Abdruck im physischen Leibe vorhanden. Wenn der Mensch in der Nacht seinen physischen Leib und Ätherleib verlässt, so kann man solche Abdrücke sehen. Nun kommen die Wesen aus den höheren Welten und finden diese darin. Das verträgt sich nicht mit den höheren Welten. Dadurch tritt etwas Neues ein, es wird etwas ganz Neues geschaffen. Nun werden von den höheren Wesenheiten Wesen abgeschnürt durch den physischen Leib, die dann ein selbständiges Dasein führen zwischen unseren Welten. Man nennt sie in der Geheimwissenschaft Phantome. Phantome nennt man sie deshalb, weil sie dem physischen Wahrnehmen am nächsten stehen. Sie sind ferner Wesenheiten mit physischer Gesetzmäßigkeit. Sie durchschwirren unseren Raum. Sie halten die menschliche Entwicklung auf. Sie machen das, was in der Welt lebt, schlechter, als wenn sie nicht da wären. Diese Phantome sind Wesenheiten, die die Menschen schaffen durch Lüge, Heuchelei und so weiter, welche die Entwicklung zurückhalten.

DIE WIRKUNG DER LÜGE IN DER GEISTWELT

Menschliches Innenleben versus Geistes-Offenbarung

Der Mensch hat, indem er sich selbst an die Außenwelt verliert, sein Wahrnehmen, indem er sich von der Außenwelt zurückzieht, sein selbständiges Innenleben. Diejenigen Wesenheiten, die zu der nächsthöheren Kategorie gehören – wir nennen sie im Allgemeinen die Wesenheiten der sogenannten dritten Hierarchie –, haben statt des Wahrnehmens die Offenbarung, und im Offenbaren erleben sie sich. Statt des Innenlebens haben sie das Erlebnis höherer geistiger Welten, das heißt, sie haben statt des Innenlebens Geist-Erfüllung. Dies ist der wesentlichste Unterschied zwischen dem Menschen und den Wesenheiten der nächsthöheren Kategorie. …

Wir können an einem, ich möchte sagen, krassen Fall des Lebens den Unterschied angeben zwischen dem Menschen und diesen Wesenheiten der nächsthöheren Kategorie. Der krasse Fall ist der, dass der Mensch in die Lage kommt, innerlich Erlebnisse zu haben, welche mit dem, was er äußerlich wahrnimmt, nicht stimmen, und wenn innere Erlebnisse des Menschen mit der Wahrnehmung der Außenwelt nicht zusammenstimmen, so haben wir als krassesten Fall die Lüge. Und wir können, um uns zu verständigen, eine für den Menschen mögliche Eigentümlichkeit dadurch ausdrücken, dass wir sagen: Der Mensch ist fähig, etwas wahrzunehmen und andere Vorstellungen in seinem Inneren zu erwecken, auch zu äußern, als sie den Wahrnehmungen entsprechen. Der Mensch kann durch diese seine Eigenschaft der Außenwelt durch die Lüge widersprechen.

Die Lüge kann sich nicht offenbaren.

Die Möglichkeit der Lüge besteht bei den Wesenheiten der dritten Hierarchie, wenn sie ihre Natur beibehalten, nicht.

Denn was würde erfolgen, wenn eine Wesenheit der dritten Hierarchie lügen wollte? Dann müsste sie in ihrem Innern etwas erleben, was sie in einer anderen Weise, als sie es erlebt, in die Außenwelt übertrüge. Aber dann würde diese Wesenheit der nächsthöheren Kategorie dies nicht mehr wahrnehmen können, denn alles das, was diese Wesenheiten in ihrem Innern erleben, ist Offenbarung, tritt sogleich in die Außenwelt über. Diese Wesenheiten müssen im Reich der absoluten Wahrheit leben, wenn sie sich überhaupt erleben wollen. Nehmen wir an, diese Wesenheiten würden lügen, das heißt, etwas in ihrem Innern haben, was sie so umsetzen würden in ihren Offenbarungen, dass es mit den Offenbarungen nicht zusammenstimmt, dann würden sie es nicht wahrnehmen können, denn sie können nur ihre innere Natur wahrnehmen. Sie würden unter dem Eindruck einer Lüge sogleich betäubt werden, sogleich in einen Bewusstseinszustand versetzt werden, der eine Herabdämmerung, eine Herabstimmung wäre ihres gewöhnlichen Bewusstseins, das eben nur in der Offenbarung ihres Innern leben kann. So haben wir über uns eine Klasse von Wesenheiten, welche durch ihre eigene Natur leben müssen im Reich der absoluten Wahrheit und Wahrhaftigkeit, wenn sie diese Natur nicht verleugnen wollen.

Und doch gibt es Wesen der dritten Hierarchie, die ihre Natur verleugnen.

Das, was ich Ihnen jetzt geschildert habe, die Verleugnung der Natur der Wesenheiten der dritten Hierarchie, das Annehmen einer anderen Natur, das ist wirklich geschehen, es ist im Laufe der Zeiten geschehen. Wir werden noch sehen im Laufe der Vorträge, warum es geschehen musste, aber wir wollen zunächst einmal darauf aufmerksam machen, dass es geschehen ist, dass tatsächlich unter den Wesen der dritten Hierarchie sich solche gefunden haben, welche das Gelüste bekamen, in ihrem Innern Erlebnisse zu haben, die sie nicht nach außen hin zu zeigen brauchten, das heißt, sie bekamen das Gelüste, ihre Natur zu verleugnen. Was ist für diese Wesenheiten dadurch eingetreten? Es ist dadurch etwas eingetreten, was die anderen Wesenheiten, die ihre Natur beibehalten innerhalb der dritten Hierarchie, nicht haben können: Die Wesenheiten der dritten Hierarchie können keine innere Selbständigkeit haben, wie sie der Mensch etwa hat. Wollen sie in ihrem Innern leben, so müssen sie sich gleich erfüllen mit der geistigen Welt, die über ihnen steht. Das war das Gelüste einer gewissen Anzahl von Wesenheiten dieser dritten Hierarchie, in ihrem Innern etwas zu entwickeln, was ihnen nicht gleich in der Außenwelt als Wahrnehmung, das heißt als Offenbarung ihres eigenen Wesens entgegentrete. Damit war die Notwendigkeit gegeben, ihre eigene Natur zu verleugnen, eine andere Natur anzunehmen. Um eigenes Leben, innere Selbständigkeit entwickeln zu können, musste eine Anzahl von Wesenheiten der dritten Hierarchie ihre Natur aufgeben, verleugnen. Sie mussten sozusagen an sich selber bewirken, dass gewisse innere Erlebnisse sich nicht nach außen offenbarten.

Freiheit und Eigenleben sind nicht ohne Lüge zu haben.

Was waren denn die Gründe, die diese Wesenheiten bewogen haben können, solch ein Gelüste in sich zu entwickeln? ... Das, was eine Anzahl von ihnen bewog, ihre Natur zu verleugnen, war Kraftgefühl, Selbständigkeitsgefühl, Freiheitsgefühl. In einer gewissen Zeit kam über eine Anzahl von Wesenheiten der dritten Hierarchie der Trieb, der Drang, nicht bloß abhängig zu sein von den Wesenheiten der höheren Hierarchien, sondern in sich selbst Eigenleben zu entwickeln. Damit war für die gesamte Evolution des Planetensystems, dem wir zunächst angehören, außerordentlich viel getan. Denn nichts Geringeres haben diese Wesenheiten, die wir da nennen können die Rebellen der dritten Hierarchie, angerichtet, als dass sie vorbereitet haben die eigene Selbständigkeit des Menschen, die Möglichkeit, dass der Mensch nun für sich selbständiges Leben entwickelt, das sich nicht unmittelbar nach außen offenbart, sondern das von der äußeren Offenbarung unabhängiges Innenleben sein kann. …

Sehen Sie, darum handelt es sich, dass Sie verstehen, dass die Geister der dritten Hierarchie, welche diesen Trieb erlangt hatten, das, was sie dann taten, nicht etwa getan haben, um zu lügen, sondern um der Entwicklung eines eigenen Lebens willen, aber mit dieser Entwicklung eines Eigenlebens mussten sie die Konsequenz auf sich nehmen, Geister der Unwahrheit, Geister der Verleugnung der eigenen Wesenheiten, Geister der Lüge mit anderen Worten, zu werden. Geradeso wie wenn jemand, sagen wir, eine Reise zu Fuß zu machen hat, die über einen Regentag hin dauert, er notwendigerweise in Kauf nehmen muss, den Regen auszuhalten und nass zu werden, während er das gar nicht beabsichtigt hat, geradeso haben die Geister, von denen hier die Rede ist, keineswegs irgendeine Tat unternommen, um in Unwahrheit zu versinken. Ihre Tat entspringt aus der Absicht, inneres Leben, innere Regsamkeit zu entwickeln, und die Folge, die Konsequenz davon war, dass sie zugleich Geister der Unwahrheit wurden.

In der Astralwelt werden unsere Gedanken wesenhaft.

Der Astralplan enthält aber nicht bloß die Spiegelbilder der physischen Welt; sondern auch Wesenheiten, die der Mensch auf dem physischen Plan nie kennenlernen kann. Unser Geist ist heruntergestiegen bis zum physischen Plan und hat sich sozusagen mit Fleisch umkleidet, umhüllt. Auf dem Astralplan findet man aber auch Wesen, die sich nie mit Fleisch umkleidet haben. Diese huschen fortwährend zwischen unseren physischen Gestalten umher, nur nimmt sie der gewöhnliche Mensch nicht wahr. Sie sind deshalb keine Erfindung, kein Märchen. Jeder, der die Astralwelt bewusst erlebt, nimmt sie wahr. Und noch andere Wesen umgeben den Menschen, nämlich seine eigenen Gedanken. Stellen wir uns die Wirkung eines Gedankens vor. Der Gedanke ist zum Beispiel zunächst in der Seele: Dieser Mensch ist ein schlechter Kerl. – Dieser Gedanke nimmt in der Astralwelt Gestalt an. Jeder

Gedanke, der von Ihnen ausgeht, nimmt dort Gestalt an. Die Gedanken sind auf dem Astralplan Wirklichkeiten. Jeder Gedanke, den wir in die Welt setzen, nimmt, wie das Kind im Mutterleibe physische Materie annimmt, Astralstoff an. Wenn wir also einen Gedanken haben, so umkleidet sich dieser mit astralischer Materie, verdichtet sich zu bestimmten Formen. Es gibt Wesenheiten, für welche die Gedanken der Menschen eine willkommene Gelegenheit sind, sich zu verkörpern, sich einen astralischen Leib zu verschaffen. Diese Wesenheiten haben eine Gier, sich astralisch zu materialisieren. Diese wichtige Tatsache weist auf unsere Verantwortung hin, die wir im Leben haben.

Unwahrheit wirkt lebenzerstörend.

Im Okkultismus sagt man: Auf dem physischen Plan ist eine Lüge eben eine Lüge, auf dem Astralplan aber ist sie ein Mord. Dies verhält sich nämlich so: Erzählen Sie etwas, so erzeugen Sie eine entsprechende Gedankenform. Aber auch die Tatsache, von der erzählt wird, strahlt eine Gedankenform aus. Wenn nun Ihre Gedankenform der anderen entspricht, wenn sie mit ihr übereinstimmt, dann strömen die beiden Formen auf dem Astralplan zusammen und verstärken sich. Damit haben Sie das Leben dieser Wesenheit verstärkt. Aber bei einer Unwahrheit stimmt die Gedankenform, die von Ihrer Aussage ausströmt, nicht überein mit derjenigen, die von der Sache selbst ausgeht. Die Formen platzen aufeinander und zerstören sich. So wirkt die Unwahrheit, die Lüge, lebenzerstörend und tötend auf andere. Im okkulten Sinne von Moral sprechen, heißt nicht nur sie predigen, sondern sie begründen durch Tatsachen der höheren Welten. Schopenhauer sagte mit Recht: Moral predigen ist leicht, Moral begründen schwer.

Jede Lüge ist in der Astralwelt ein Mord.

Wie leichthin sprechen die Menschen: Ach, das ist ja nur ein Gedanke, ein Gefühl, das bleibt in der Seele; eine Ohrfeige darf ich nicht geben, aber ein schlechter Gedanke, der schadet nichts. Es gibt kein unwahreres Sprichwort als: Gedanken sind zollfrei, denn jeder Gedanke, jedes Gefühl ist eine Wirklichkeit, und wenn ich denke, einer sei ein schlechter Mensch oder ich liebe ihn nicht, so ist das für den, der in die Astralwelt hineinschauen kann, wie ein Pfeil, wie ein Blitz, der sich wie eine Flintenkugel gegen den Astralleib des anderen bewegt und ihn schädigt. Jedes Gefühl, jeder Gedanke ist eine Wesenheit, eine Form in der Astralwelt, und für den, der Einblick hat in diese Welt, ist es oft viel schlimmer, mit anzusehen, wenn einer einen schlechten Gedanken über seinen Mitmenschen hat, als wenn er ihn physisch schädigt. Macht man diese Wahrheit bekannt, so heißt das Moral begründen, nicht predigen. Sagt man über einen Menschen die Wahrheit, so bildet sich eine Gedankenform, die der Seher nach Form und Farbe erkennen kann und die das Leben des Nächsten verstärkt. Der Gedanke, der eine Wahrheit enthält, geht auf die Wesenheit hin, auf die er sich bezieht, und fördert und belebt sie. Wenn ich also eine Wahrheit denke über meinen Mitmenschen, so stärke ich sein Leben; sage ich eine Lüge über ihn, so ströme ich eine feindliche Kraft auf ihn, die zerstörend, ja tötend wirkt. Daher ist jede Lüge ein Mord. Jede Wahrheit bildet ein lebenförderndes Element, jede Lüge ein lebenhemmendes Element. Wer das weiß, der wird sich mehr in Acht nehmen in Bezug auf Wahrheit und Lüge als jener, dem man nur predigt, man solle nur immer hübsch die Wahrheit sagen.

DIE WIRKUNG DER LÜGE IM NACHTODLICHEN

Konfrontation mit der Lüge im Nachtodlichen

Und so ist es mit allem, was wir im Rückwärtswandern durchleben. Wir durchleben alles dasjenige, was wir an Wohltaten, was wir an Guttaten im Leben ausgestreut haben, in den wohltätigen Wirkungen, die es in unserer Umgebung verursacht hat.

Dies durchleben wir mit jener Seele, die sich gleichsam ausgegossen fühlt in die ganze Umwelt. Das ist nicht ohne Wirkung, sondern der Mensch, indem er alles durchlebt, nimmt von all diesen Situationen des Durchlebens gewisse Marken, gewisse Eindrücke mit. ... Dasjenige, was da also durchlebt wird, kann nur so charakterisiert werden: Wenn der Mensch wahrnimmt den Schmerz, den er einem andern zugefügt hat, wenn er diesen Schmerz nach dem Tode nacherlebt, dann fühlt er ihn wie ein Entwicklungshemmnis. Er sagt sich etwa empfindend in seiner Seele: Was wäre ich geworden, wenn ich dem andern diesen Schmerz nicht zugefügt hätte? Dieser Schmerz ist etwas, was mein ganzes Wesen zurückhält von einem Grad von Vollkommenheit, den es sonst hätte erreichen können. – Und so sagt sich der Mensch bei allem, was er an Irrtum und Lüge, an Hässlichem verbreitet hat in seiner Umgebung: Das sind Entwicklungshindernisse, etwas, was ich mir selber in den Weg meiner Vervollkommnung gelegt habe. – Und daraus formt sich eine Kraft in der menschlichen Seele, die dahin geht, dass der Mensch in jenem Zustande, in dem er jetzt lebt zwischen dem Tode und einer neuen Geburt, aufnimmt die Sehnsucht, aufnimmt die Willensimpulse, diese Hindernisse aus dem Weg zu räumen. Das heißt, Stück für Stück nehmen wir in der Rückwärtswanderung Impulse auf, im kommenden Leben das wiedergutzumachen, wiederum auszugleichen, was wir uns selber an Hindernissen in den Weg gelegt haben.

Daher dürfen wir uns auch nicht dem Glauben hingeben, dass dasjenige, was wir da durchmachen, bloß Leiden sei. Leid und Entbehrung ist es gewiss, und schmerzlich ist es, wenn wir all das auf unsere eigene Seele geladen sehen, was wir selber verursacht haben; aber wir erleben es doch so, dass wir froh sind, es erleben zu dürfen, weil wir nur dadurch jene Kraft aufnehmen können, die uns befähigt, jene Hindernisse aus dem Weg zu räumen.

Die Lüge als schmerzhafte Wahrheit

Noch einen anderen Fall möchte ich vom Zusammenhang des physischen Lebens mit dem geistigen Leben anführen. Nehmen wir jetzt einmal einen ganz konkreten, einzelnen Fall. Nehmen wir an, wir haben auf dem physischen Plane jemand angelogen. Nicht wahr, ich rede also von einzelnen Fällen. Wenn wir jemanden angelogen haben, so fällt das in einen bestimmten Zeitpunkt. Das, was ich jetzt als Entsprechendes in der geistigen Welt schildern werde, fällt wiederum in einen bestimmten Zeitpunkt zwischen dem Tod und einer neuen Geburt. Nehmen wir also an, wir hätten jemanden zu einer gewissen Zeit auf dem physischen Plan angelogen, dann kommt bei unserem Aufenthalt in der geistigen Welt, sei es, dass wir durch Initiation hineinkommen oder durch den Tod, ein Zeitpunkt, wo wir mit unserer Seele in der geistigen Welt ganz, ganz erfüllt sind von der Wahrheit, die wir hätten sagen sollen. Aber diese Wahrheit, die quält uns, diese Wahrheit steht vor uns, in demselben Maße uns quälend, als wir von ihr abgeirrt waren bei der Lüge. Man braucht also nur zu lügen auf dem physischen Plan, um einen Zeitpunkt herbeizuführen in der geistigen Welt, in dem wir durch die entsprechende Wahrheit, die der Lüge entgegengesetzt ist, gequält werden dadurch, dass diese Wahrheit in uns lebt und uns brennt und wir sie nicht ertragen können. Unser Leiden besteht namentlich darin, dass wir einsehen: Das ist die Wahrheit. Wir sind aber so, dass uns diese Wahrheit keinen Genuss, keine Freude, keine Lust bereitet, sondern uns quält. Von den guten Sachen gequält zu werden, von dem, wovon man weiß, dass es einen erheben sollte, gequält zu werden, das gehört zu den Eigentümlichkeiten der Erlebnisse in der geistigen Welt.

Im Nachtodlichen keimt der Wille zum Ausgleich der Lüge.

Nehmen wir also noch einmal an, wir hätten einen Menschen angelogen. Jetzt ist die Zeit, wo die Möglichkeit in der geistigen Welt geboten ist, dass wir durch die unserer Lüge entgegengesetzte Wahrheit gequält werden. Aber dadurch werden wir gequält, dass sich die Beziehung zu dem Menschen, den wir angelogen haben, in der jetzt geschilderten Zeit so verändert, so oft wir den Menschen erblicken – und wir werden ihn genügend oft mit dem geistigen Auge erblicken –, dass er die Ursache wird, dass die der vollbrachten Lüge entgegengesetzte Wahrheit, die uns quält, in uns aufsteigt. Dadurch taucht aus unseren Tiefen die Tendenz herauf: Diesem Menschen musst du unten auf der Erde wieder begegnen, und du musst etwas tun, was das Unrecht ausgleicht, das du durch die vollzogene Lüge begangen hast. Denn hier in der geistigen Welt kann das nicht ausgeglichen werden, was durch deine Lüge geschaffen worden ist, da im Kosmos kannst du nur völlige Klarheit gewinnen über die Wirkung einer Lüge. Was auf Erden geschaffen worden ist von dieser Art, das muss auch wiederum auf der Erde ausgeglichen werden. Man weiß, man braucht zum Ausgleich Kräfte in sich selber, die einem nur werden können, wenn man wiederum einen Erdenleib bezieht. Dadurch entsteht in unserer Seele die Tendenz: Du musst einen Erdenleib beziehen, der die Möglichkeit bietet, eine solche Tat zu vollbringen, wodurch die Unvollkommenheiten ausgeglichen werden, die du auf Erden verursacht hast, sonst wird, wenn du durch den nächsten Tod gegangen bist, dieser Mensch wiederum dir erscheinen und die Qual der Wahrheit hervorrufen. Sie sehen die ganze geistige Technik, wie in der geistigen Welt der Trieb in uns geschaffen wird, einen karmischen Ausgleich für das oder jenes zu schaffen.

Ob die Wahrheit nur aus Konvention oder aus Liebe gesagt wird, hat weitreichende Folgen.

Nun, es gibt eben Menschen – die kommen nicht zum Lieben zunächst. Aber weil sie dem anderen Menschen nicht aus Liebe die Wahrheit sagen können – man sagt zu dem anderen Menschen, wenn man Liebe für ihn hat, die Wahrheit und nicht die Lüge –, aber weil sie nicht lieben können, sagen sie die Wahrheit aus Pflichtgefühl; weil sie nicht lieben können, vermeiden sie es aus Pflichtgefühl, den anderen gleich zu prügeln oder ihn mit Ohrfeigen zu traktieren, anzustoßen und dergleichen, wenn er irgendetwas tut, was ihnen nicht gefällt. Es ist eben ein Unterschied zwischen dem Handeln aus starrem Pflichtbegriff, das aber durchaus im sozialen Leben notwendig ist, für viele Dinge notwendig ist, und zwischen den Taten der Liebe.

Nun, die Taten, die in starrem Pflichtbegriff oder in Konvention, «weil sich's so schickt», getan werden, die rufen im nächsten Erdenleben nicht Freude hervor, sondern, indem sie eben so, wie ich es geschildert habe, durch jene Spiegelung durch die Seelen gehen, rufen sie im nächsten Erdenleben etwas hervor, was man nennen könnte: Man spürt, man ist den Menschen mehr oder weniger gleichgültig. Und das, was mancher durchs Leben trägt, dass er den Menschen gleichgültig ist und daran leidet – man leidet mit Recht daran, wenn man den anderen Menschen gleichgültig ist, denn die Menschen sind füreinander da, und der Mensch ist darauf angewiesen, dass er den anderen Menschen nicht gleichgültig ist –, das, was man da erleidet, das ist eben das Ergebnis des Mangels an Liebe in einem vorigen Erdenleben, wo man sich als anständiger Mensch deshalb betragen hat, weil die starre Pflicht über einem hing wie ein Damoklesschwert, ich will nicht sagen wie ein stählernes, denn das würde beunruhigend sein für die meisten Pflichtmenschen, sondern eben wie ein hölzernes.

Nun aber sind wir beim zweiten Erdenleben. Was als Freude von der Liebe kommt, das wird im dritten Erdenleben, wie wir gesehen haben, ein offenes, freies Herz, das uns die Welt nahebringt, das uns für alles Schöne, Wahre,

Gute den freien, einsichtsvollen Sinn gibt. Das, was als Gleichgültigkeit von Seiten anderer Menschen zu uns strömt, und was wir dadurch erleben in einem Erdenleben, das macht uns für das dritte, also für das nächste Erdenleben zu einem Menschen, der nichts Rechtes mit sich anzufangen weiß. Wenn er in die Schule kommt, weiß er nicht, was er mit dem anfangen soll, was die Lehrer mit ihm tun. Wenn er etwas älter wird, weiß er nicht, ob er Schlosser oder Hofrat werden soll. Er weiß nichts mit sich im Leben zu machen. Er geht eigentlich ohne Richtung, direktionslos im Leben dahin. In Bezug auf die Anschauung der äußeren Welt ist er nicht gerade stumpf. Er kann zum Beispiel Musik schon verstehen, aber er hat keine Freude dran. Es ist ihm schließlich gleichgültig, ob es mehr oder weniger gute oder mehr oder weniger schlechte Musik ist. Er empfindet schon die Schönheit irgendeines malerischen oder sonstigen Werkes, aber immer kratzt es ihn in der Seele: Wozu eigentlich das alles? und so weiter. Das sind Dinge, die wiederum im dritten Erdenleben im karmischen Zusammenhange sich einstellen.

GEISTESSCHULUNG UND LÜGE

Der Hellsichtige sieht, was bei einer Lüge wirklich geschieht.

Nichts von Zauberei, sondern ein intimer Vorgang durch die Imagination ist zunächst der Aufstieg zum Hellsehen. Aber hier muss schon eines klarwerden – denn von dem Momente an sehen Sie alles von sich ausströmen, wo Sie überhaupt anfangen, Ihr inneres Leben in Licht umzusetzen: Der Mensch muss auch ertragen können, was er da sieht, und dazu gehört eine Charakterstärke, von der sich die wenigsten einen Begriff machen. So zum Beispiel, wenn Sie, ohne Hellseher zu sein, lügen, ist es schon schlimm, wenn Sie aber als Hellseher lügen, und Sie sehen, wie die Lüge sichtbar wird und was sie bedeutet auf dem astralen Plan, dann verstehen Sie, warum es heißt, die Lüge sei dort ein Mord. Und es ist so. Nehmen Sie an, Sie haben ein Ereignis gesehen, haben sich davon eine Vorstellung gebildet, und erzählen etwas, was nicht stimmt, das heißt, etwas Erlogenes. Da geht vom Gegenstande die richtige und von Ihnen die falsche Ausströmung aus, und dieser Zusammenstoß ist eine furchtbare Explosion; und jedes Mal, wenn Sie dies tun, heften Sie sich ein grauenhaftes Wesen an Ihr Karma, das Sie nicht wieder loskriegen, bis Sie gutgemacht haben, was Sie gelogen haben.

Meditation und Lüge

In der Meditation nun soll dahin gestrebt werden – und das wird nach jahrelangen Mühen auch dahin gebracht –, dass das Innere des Menschen sich durchleuchtet fühlt. Er selbst wird zum Licht, zum Leuchter, der die Gegenstände in der geistigen Welt beleuchtet, die an ihn herantreten. Die Erscheinungen, die wir in solchen Momenten tiefster Seelenruhe haben, sind dann nicht wie solche des physischen Lebens, so dass wir sie von außen ansehen, etwa wie wenn wir am Horizont morgens die Sonne aufgehen sehen, sondern – um das Beispiel der Sonne beizubehalten –

wir werden uns dann selbst in der Sonne, die da am Horizont unseres hellseherischen Bewusstseins aufsteigt, darinnenfühlen. Aufgeteilt im Raume fühlen wir uns da.

Jedoch Truggebilde entstehen dann vor uns, wenn wir persönliche Gefühle der Sympathie und Antipathie – besonders der Antipathie –, unrichtige Vorliebe für einzelne Menschen und so weiter mit in die Meditation hineinbringen. Wer im alltäglichen Leben lügt und unaufrichtig ist, bei dem strömt die Lüge mit seinem Ätherleib in den Raum. Das Lügenhafte wird von den Gebilden, die der Schüler da schaut, zurückgestrahlt, wie ein Spiegel das Bild unseres Antlitzes, das Echo unsere Stimme zurückwirft. Gleisnerische Gestalten, schöne Engelsgestalten erscheinen dann da, verursacht durch das Lügenhafte, das mit dem Ätherleib hinausströmt. Durch die Verwandtschaft dieser Gestalten mit unserer eigenen Lügenhaftigkeit wird diese immer mehr in uns befestigt, und wir können schließlich nicht mehr Wahrheit und Lüge unterscheiden.

Nun meinen wohl manche, es müsse Mittel geben, um sich gegen diese Truggebilde zu schützen. Aber so wahr ich hier spreche und die Esoterik, hinter der die Meister der Weisheit und des Zusammenklanges der Empfindungen stehen, vertrete, so wahr ist es, dass es kein Mittel gibt, um mit einem Mal diese Trugbilder zu bannen, um zu verhindern, dass sie auftreten. Nur durch ganz allmähliche, ganz geduldige, stetige Arbeit an sich selbst, durch Überwindung der Lügenhaftigkeit und Unaufrichtigkeit in sich selbst, durch sich selbst, ist allmählich darauf hinzuwirken, dass jene Truggebilde nicht mehr erscheinen, dadurch, dass die Lüge sich eben nicht mehr widerspiegelt, weil sie nicht mehr da ist.

Der Weg zur Erkenntnis der Hierarchien löst aus der Umklammerung durch die Lüge.

Wer heute in der Welt sich umblickt, der muss sich klar darüber sein, dass ernsthaftig der Weg zurück zu den Hierarchien gesucht werden muss, heraus aus der ahrimanischen Umklammerung. Dazu gehört aber, dass man in den

Einzelheiten an die Dinge geht. Immer wiederum tauchen die Dinge auf, dass, wenn irgendein ruchloser Gegner kommt und das oder jenes hineinschmeißt in die Welt, selbst unsere eigenen Anhänger noch kommen und sagen: Das muss man noch prüfen, ob der oder jener es nicht aus dieser oder jener Schwäche begangen hat. – In der Anthroposophischen Gesellschaft ist leider immer die Sehnsucht vorhanden, viel mehr dasjenige anzuklagen, was aus der Wahrheit heraus spricht, als solche Gegner anzuklagen, die aus ihren Seelenuntergründen heraus alle Wahrheit in den Kot treten möchten. Solange es noch in der Anthroposophischen Gesellschaft selber Usus ist, immer wieder Mitleid zu haben mit der Lüge, so lange kommen wir nicht vorwärts.

Es muss das immer wiederum von Zeit zu Zeit gesagt werden, dass wir die Lüge als Lüge erkennen müssen; denn die Lüge ist es, in die Ahriman sich verschlüpft, und die Lüge ist es zumeist, die, wenn sie gelogen hat, sich auf den guten Glauben, auf das beste Wissen und Gewissen beruft. Ich habe Ihnen Beispiele genug angeführt, wo man auf diesen guten Glauben, auf dieses beste Wissen und Gewissen sich beruft: Prüfen Sie aber die Tatsachen und sehen Sie diesen ahrimanischen Einfluss des sogenannten guten Glaubens, der sogar bis in unsere Jurisprudenz hinein unentwegt spielt, so dass man sagen kann, dass bis in die Jurisprudenz die Menschheit von Ahriman ergriffen worden ist. Das sind die Dinge, die ernsthaft ins Auge gefasst werden müssen. Soll die Anthroposophische Gesellschaft das sein, was sie sein will, dann muss sie von einem glühenden Wahrheitsgefühl durchdrungen werden, denn das ist heute identisch mit einem glühenden Gefühl für den Fortschritt der Menschheit. Alles Übrige ist nur erfüllt von dem Willen, der in die Niedergangskräfte hineinführt und immer weiter hineintreibt.

DIE LÜGE ÜBERWINDEN

Im Leben zwischen Geburt und Tod gibt es eine Möglichkeit, die Wirkung einer Lüge zu korrigieren.

Nun steht uns aber während des Lebens zwischen Geburt und Tod eines zur Verfügung, sozusagen. Wir können dasjenige, was wir so beigetragen haben, um unser Ich weniger wertvoll zu machen, das können wir immer verbessern, wenn wir unsere Lüge überwinden können. Wir können demjenigen, zu dem wir gesagt haben: Du bist ein schlechter Mensch, gestehen: Ich habe mich geirrt, es ist nicht richtig, was ich gesagt habe, und so weiter. Dann haben wir unserem Ich den Wert wiedergegeben, dann haben wir den Schaden, den wir unserem Ich zufügten, wieder ausgeglichen, dann haben wir bewirkt, dass das, was wir ihm zugefügt haben, wiederum ausgeglichen ist. So haben wir es für viele Dinge, die unser Ich berühren, in der Hand, während unseres Lebens noch einen Ausgleich zu schaffen, das, um was das Ich unvollkommen wird, zu verbessern. Wenn es zum Beispiel zu unserer Aufgabe gehört, irgendetwas zu wissen, und wir haben es vergessen, so ist unser Ich weniger wert; wenn wir uns aber bemühen, können wir es wieder in die Erinnerung bringen. Das Ich hat vorher weniger Wert; wenn wir es wieder in die Erinnerung gebracht haben, dann haben wir den Schaden ausgeglichen. Also: Wir können dieses Ich weniger wertvoll machen; wir können es aber auch wiederum immer wertvoller machen. – Sehen Sie, diese Fähigkeit, sozusagen zu revidieren ein Lebensglied, ein Menschheitsglied von uns, dass wir seine Fehler korrigieren, dass wir es vorwärts bringen, diese Fähigkeit haben wir in Bezug auf das Ich.

Der Lügenhaftigkeit früherer Inkarnationen begegnen

Nun müssen wir aber auch, wenn wir uns ein wenig mit dem befasst haben, was uns die Geisteswissenschaft sonst zeigt, sagen, dass es doch wahrhaftig nicht zufällig ist, wenn wir in einer neuen Inkarnation mit diesem oder jenem Menschen zusammengeführt werden. Wir werden hineingeführt in die Familie, in die Umgebung, mit der wir etwas zu tun haben. ...

Wenn wir zum Beispiel lügenhafte Menschen in einer Inkarnation waren und wiedergeboren werden, dann werden wir gerade mit denjenigen zusammengeführt, denen wir vielleicht den Buckel voll gelogen haben. Gar häufig kann man das finden, wenn man wirklich okkultistischer Untersucher ist, dass ein Menschenkind in eine Umgebung hereingeboren wird, zu der es nicht ein richtiges Verhältnis gewinnen kann, von der es nicht verstanden wird und die es nicht versteht. Es ist manchmal so, dass wir in eigentümlicher Weise auf unsere Umgebung wirken. Ich weiß nicht, ob Sie das schon beobachtet haben, dass das im Grunde genommen noch viel weitere Kreise als nur zum Menschen zieht. Es gibt bestimmte Menschen: wenn sie Blumen aufziehen wollen, so gedeihen diese Blumen, sie haben eine glückliche Hand dafür. Dadurch, dass sie es sind, welche die Blumen aufziehen, gedeihen diese. Andere Menschen können machen, was sie wollen: Die Blumen dorren ab. Das gibt es. Es gibt eben viel geheimnisvollere Beziehungen zwischen den einzelnen Wesenheiten des Daseins, als man gewöhnlich meint. Diese geheimnisvollen Beziehungen sind natürlich hauptsächlich von Mensch zu Mensch da. Und wenn wir durch das Karma mit einem Menschenkind zusammengeführt werden, das uns in der früheren Inkarnation wacker angelogen hat, so ist es so, dass wir sozusagen schwer ein Verhältnis zu diesem Kinde finden. Das sollten wir beachten. Nicht bloß nach unserem Temperament dürfen wir das beurteilen, sondern karmisch müssen wir das beurteilen. Wir sollen sagen: Das kommt davon her, dass wir vielleicht von diesem Menschenkind oft angelogen worden sind. Jetzt können wir wiederum diesem Menschenkind helfen, es stärken und kräftigen.

Die Lüge mit Wahrheit vergelten

Womit vergibt man am besten etwas, was also sich etwa so ausdrücken lässt, ein anderer sagt einem eine Lüge. Man vergibt das am besten, wenn man ihm eine Wahrheit beibringt. Mit dem anderen, dass man die Lüge rektifiziert, tut man schon einiges Gute, hat dadurch aber den Menschen nicht weitergebracht. Weiter bringt man ihn, wenn man versucht, ihm eine nützliche Wahrheit beizubringen. Man muss eine Art Politik seines Umganges mit dem Menschen befolgen, das bringt den Menschen weiter. Wenn wir genötigt sind, die Sache karmisch zu betrachten, ist es insbesondere von Vorteil, dass wir Menschen gegenüber, mit denen wir karmisch zusammengeführt werden, von denen wir wissen, sie finden kein Verhältnis zu uns, weil sie scheu uns gegenüber sind, dass wir uns bemühen, recht wahrhaftig ihnen gegenüber zu sein. Dann werden wir sehen, wie diese Menschen wiederum aufblühen unter unserer Offenherzigkeit und wie ihnen diese Offenherzigkeit von großem Vorteil ist. So sehen wir, wie wir Lebensprinzipien gewinnen können, wenn wir das Wirken des Karma praktisch betrachten.

Wirklichkeitsgemäßes Denken ändert die Weltentwicklung.

Wirklichkeitsgemäß denken, nicht bloß logisch denken, das ist etwas, was immer mehr und mehr kommen muss. Unter diesem wirklichkeitsgemäßen Denken aber ändert sich unsere gesamte Weltentwicklung. Denn was ist denn vom Standpunkte eines wirklichkeitsgemäßen Denkens die Venus von Milo, die Sixtinische Madonna oder anderes? Vom Erdenstandpunkte aus aufgefasst eine Lüge, keine Wahrheit. Nimmt man sie so, wie sie sind, steht man nicht in der Wahrheit. Man muss entrückt werden. Nur der betrachtet ein wirkliches Kunstwerk richtig, der aus der Erdensphäre entrückt wird, weggenommen wird, der wirklich vor der Venus von Milo so steht, dass er anders seelisch konstituiert ist, als er den irdischen Dingen gegenüber konstituiert ist; denn dadurch wird er gerade durch das, was nicht hier wirklich ist, hineingestoßen in das

Gebiet, wo es wirklich ist, in das Gebiet der elementarischen Welt, wo das wirklich ist, was in der Venus von Milo ist. Gerade dadurch steht man wirklichkeitsgemäß der Venus von Milo gegenüber, dass sie die Kraft besitzt, einen herauszureißen aus dem bloßen sinnlichen Anschauen.

... Was würde denn geschehen, wenn nun gar keine Kunst in der Welt wäre? – Da würden alle die Kräfte, die sonst in die Kunst und in den Kunstgenuss hineingehen, verwendet werden, um unwirklichkeitsgemäß zu leben. Streichen Sie die Kunst aus der Menschheitsentwicklung, so haben Sie in der Menschheitsentwicklung ebenso viel Lüge, wie sonst Kunstentwicklung da ist! Da haben Sie schon an der Kunst jenes eigentümliche gefährliche Verhältnis, das dort liegt, wo die Schwelle zur geistigen Welt vorhanden ist. Hinüberhören, wo immer die Dinge zwei Seiten haben! Wenn einer einen wirklichkeitsgemäßen Sinn hat, dann kommt er durch das Leben in ästhetischer Auffassung zu einer höheren Wahrheit. Wenn einer nicht wirklichkeitsgemäßen Sinn hat, so kann er gerade durch die ästhetische Auffassung der Welt in die Verlogenheit kommen.

Anleitungen aus dem Schulungsweg des Buddha zur
Vermeidung der Lüge

Der Mensch kommt zu einem solchen Wissen über die Welt, wenn er sich eine richtige Meinung über die Dinge aneignet, eine Meinung, die nichts zu tun hat mit Sympathie oder Antipathie oder damit, dass er für sie eingenommen ist, sondern indem er versucht – rein nach dem, was sich ihm außen darbietet –, nach Kräften über ein jedes Ding die richtige Meinung zu gewinnen. Das ist das Erste, die «richtige Meinung» über eine Sache.

Als Zweites ist notwendig, dass ... wir uns bestreben, nach unserer richtigen Meinung auch zu urteilen, nicht nach irgendwelchen anderen Einflüssen, sondern nur nach dem, was unsere richtige Meinung von einer Sache ist. ...

Das Dritte ist, dass wir uns bestreben, wenn wir uns der Welt mitteilen, das auch richtig auszudrücken, was wir mitteilen wollen, was wir richtig meinen und richtig geurteilt haben, dass wir in unsere Worte nichts anderes hineinlegen, als was unsere Meinung ist, und zwar nicht nur in unsere Worte, sondern in alle Äußerungen der menschlichen Wesenheit. Das ist das «richtige Wort» im Sinne Buddhas.

Als Viertes ist notwendig, dass wir uns bestreben, nicht nach unseren Sympathien und Antipathien, nicht nach dem, was dunkel in uns wühlt als Samskara, unsere Taten auszuführen, sondern dass wir dasjenige zur Tat werden lassen, was wir als unsere richtige Meinung, als unser richtiges Urteilen und als richtiges Wort erfasst haben. Das ist also die richtige Tat, die «richtige Handlungsweise».

Anleitungen aus dem Schulungsweg der Anthroposophie zur Vermeidung der Lüge

In der Geisteswissenschaft wird von *vier* Eigenschaften gesprochen, welche sich der Mensch auf dem sogenannten Prüfungspfade erwerben muss, um zu höherer Erkenntnis aufzusteigen. Es ist die *Erste* davon die Fähigkeit, in den Gedanken das Wahre von der Erscheinung zu scheiden, die Wahrheit von der bloßen Meinung. Die *zweite* Eigenschaft ist die richtige Schätzung des Wahren und Wirklichen gegenüber der Erscheinung. Die *dritte* Fähigkeit besteht in der … Ausübung der sechs Eigenschaften: Gedankenkontrolle, Kontrolle der Handlungen, Beharrlichkeit, Duldsamkeit, Glaube und Gleichmut. Die *Vierte* ist die Liebe zur inneren Freiheit.

Der Christus-Impuls heilt den Hang zur Lüge.

Das alles, was im Menschen mangelhaft geworden ist, wird durch den Christus-Impuls wiederum geheilt. Nur verlange man nicht, dass es geheilt werde in einer wesentlich kürzeren Zeit, als es bewirkt worden ist, oder gar in einer sehr kurzen Zeit. Die Zeit von der lemurischen Epoche bis zum Mysterium von Golgatha ist eine sehr lange. Und langsam und allmählich, von Verkörperung zu Verkörperung wirkend, sind gekommen Egoismus, Irrtum und Lüge, Krankheit und Todesgefühl. Dadurch, dass der Christus-Impuls in der Menschheit wirkt, werden in einer aufsteigenden Entwicklung des Menschen diese Eigenschaften alle wiederum zurückverwandelt. Der Mensch wird sozusagen mit seinen Fähigkeiten, die er sich unten erworben hat, zurückgeführt in die geistige Welt. Es wird sogar schneller geschehen, als der Herunterstieg vor sich ging. Aber man verlange nicht, dass der Mensch in ein oder zwei Inkarnationen durch das, was er durch den Christus-Impuls aufnehmen kann, imstande sein wird, die Selbstsucht zu besiegen, sich in seinem Ätherleib so zu heilen, dass keine Gefahr für Lüge und Irrtum mehr da wären, noch dass er gar bis in seinen physischen Leib hinein gesundend wirken könne. Das muss langsam und allmählich geschehen. Aber es geschieht. Gerade so, wie durch den luziferischen Einfluss der Mensch heruntergeführt worden ist zu all den geschilderten Eigenschaften, ebenso wird er wieder heraufgeführt werden durch den Christus-Impuls: Es wird die Selbstsucht in Selbstlosigkeit umgewandelt werden, die Lügenhaftigkeit wird zur Wahrhaftigkeit, die Gefahr des Irrtums wird zur Treffsicherheit und zur Wahrheit des Urteils werden.

QUELLENNACHWEISE

Erwähnte und zitierte Bände der Rudolf Steiner Gesamtausgabe (GA), Rudolf Steiner Verlag, Basel (in Klammern: aktuelle Auflage):

10 *Wie erlangt man Erkenntnisse der höheren Welten?* (1993)
94 *Kosmogonie* (2001)
98 *Natur- und Geistwesen – ihr Wirken in unserer sichtbaren Welt* (1996)
107 *Geisteswissenschaftliche Menschenkunde* (2011)
112 *Das Johannes-Evangelium im Verhältnis zu den drei anderen Evangelien, besonders zu dem Lukas-Evangelium* (2007)
114 *Das Lukas-Evangelium* (2001)
116 *Der Christus-Impuls und die Entwicklung des Ich-Bewusstseins* (2006)
119 *Makrokosmos und Mikrokosmos* (1988)
121 *Die Mission einzelner Volksseelen im Zusammenhange mit der germanisch-nordischen Mythologie* (1982)
125 *Wege und Ziele des geistigen Menschen* (1992)
127 *Die Mission der neuen Geistesoffenbarung* (1989)
131 *Von Jesus zu Christus* (1988)
136 *Die geistigen Wesenheiten in den Himmelskörpern und Naturreichen* (2009)
140 *Okkulte Untersuchungen über das Leben zwischen Tod und neuer Geburt* (2003)
143 *Erfahrungen des Übersinnlichen. Die drei Wege der Seele zu Christus* (1994)
153 *Inneres Wesen des Menschen und Leben zwischen Tod und neuer Geburt* (1997)
156 *Okkultes Lesen und okkultes Hören* (2003)
169 *Weltwesen und Ichheit* (1998)
170 *Das Rätsel des Menschen. Die geistigen Hintergründe der menschlichen Geschichte* (1992)
196 *Geistige und soziale Wandlungen in der Menschheitsentwicklung* (1992)
201 *Entsprechungen zwischen Mikrokosmos und Makrokosmos* (1987)
205 *Menschenwerden, Weltenseele und Weltengeist. Erster Teil:*

Der Mensch als leiblich-seelische Wesenheit in seinem Verhältnis zur Welt (1987)
208 *Anthroposophie als Kosmosophie – Zweiter Teil* (1992)
235 *Esoterische Betrachtungen karmischer Zusammenhänge. Erster Band* (1994)
236 *Esoterische Betrachtungen karmischer Zusammenhänge. Zweiter Band* (1988)
266/2 *Aus den Inhalten der esoterischen Stunden. Gedächtnisaufzeichnungen von Teilnehmern. Band II: 1910–1912* (1996)

Seite

WIE DIE LÜGE ZUM MENSCHEN KAM

7 *In der Zeit der Mondenkrisis:* Vortrag Kassel, 28. Juni 1909, GA 112, S. 92 f.
8 *Es gab innerhalb der Menschheitsentwicklung:* Vortrag Berlin, 1. Januar 1909, GA 107, S. 181 f.
9 *Es trat ein ganz anderer Gegner:* Ebd., S. 182 f.
11 *Seinen astralischen Leib:* Vortrag Berlin, 2. Februar 1910, GA 116, S. 65.
Wie wirkt nun der luziferische Einfluss: Vortrag Kristiania, 15. Juni 1910, GA 121, S. 157.
12 *An den Menschen träte niemals Krankheit und Tod:* Ebd., S. 158.
Wir wissen aus geisteswissenschaftlichen Beobachtungen: Vortrag Wiesbaden, 7. Januar 1911, GA 127, S. 34.
13 *Der ahrimanische Geist ist ein Lügengeist:* Vortrag Dornach, 13. November 1921, GA 208, S. 210.
Der Mensch folgt ja: Vortrag Dornach, 10. Januar 1920, GA 196, S. 32 f.
14 *Wenn wir Menschen nur:* Ebd., S. 33 f.
15 *Unter der Illusion:* Ebd., S. 34.
16 *So ist dasjenige:* Ebd., S. 35.

VERSCHIEDENE FORMEN DER LÜGE

17 *Von besonderer Bedeutung sind:* Vortrag München, 14. Juni 1908, GA 98, S. 239.
Man lässt sich auf der einen Seite: Vortrag Dornach, 9. Mai 1920, GA 201, S. 202.
18 *Ein Verschweigen aus Liebe:* Vortrag Zürich, 17. Dezember 1912, GA 143, S. 214.
19 *Durchschauen müssen wird man:* Vortrag Berlin, 13. Juni 1916, GA 169, S. 50.

VOM WESEN DER LÜGE

21 *Wir wollen heute einmal:* Vortrag Bremen, 26. November 1910, GA 125, S. 192.
Wenn wir uns fragen: Ebd., S. 192–194.
23 *Nun tritt aber häufig:* Ebd., S. 194 f.
24 *Lügenhaftigkeit ist eine Eigenschaft:* Vortrag Wiesbaden, 7. Januar 1911, GA 127, S. 35 f.
25 *Dann steigt man allmählich:* Vortrag Dornach, 5. Oktober 1914, GA 156, S. 62–64

DIE WIRKUNG DER LÜGE IN DIESEM LEBEN

27 *Und in gefühlsmäßiger Art:* Vortrag München, 11. Dezember 1910, GA 125, S. 208.
28 *Das ist also die feinere Unterscheidung:* Vortrag Dornach, 27. August 1916, GA 170, S. 211 f.
29 *Für die nächste Zeit:* Ebd., S. 212 f.
30 *Wie viele Menschen gibt es:* Vortrag Karlsruhe, 13. Oktober 1911, GA 131, S. 197 f.
31 *Nun haben wir:* Vortrag Hannover, 18. November 1912, GA 140, S. 43.
32 *Der Mensch nimmt sich:* Vortrag München, 27. Februar 1912, GA 143, S. 106 f.
Bei der Lügenhaftigkeit: Vortrag München 11. Dezember 1910, GA 125, S. 209.
33 *Das wollen wir also:* Vortrag Kristiania, 15. Juni 1910, GA 121, S. 158 f.
34 *Wo der Mensch in Beziehung:* Ebd., S. 159.

DIE WIRKUNG DER LÜGE IM SCHLAF

35 *Und dadurch, dass:* Vortrag München, 14. Juni 1908, GA 98, S. 239 f.
Und diejenigen Wesenheiten: Vortrag Dornach, 27. Juni 1924, GA 236, S. 280.
36 *Überblicken wir:* Vortrag Köln, 9. Juni 1908, GA 98, S. 105.

DIE WIRKUNG DER LÜGE IN DER GEISTWELT

39 *Der Mensch hat:* Vortrag Helsingfors, 5. April 1912, GA 136, S. 52.
Die Möglichkeit der Lüge: Ebd., S. 53.
40 *Das, was ich Ihnen jetzt:* Vortrag Helsingfors, 8. April 1912, GA 136, S. 97 f.

41 *Was waren denn die Gründe:* Ebd., S. 98 f.
42 *Der Astralplan enthält:* Vortrag Leipzig, 29. Juni 1906, GA 94, S. 137.
43 *Im Okkultismus sagt man:* Ebd., S. 137 f.
Wie leichthin sprechen die Menschen: Vortrag Stuttgart, 23. August 1906, GA 95, S. 23 f.

DIE WIRKUNG DER LÜGE IM NACHTODLICHEN

45 *Und so ist es mit allem:* Vortrag Wien, 19. März 1910, GA 119, S. 22.
46 *Noch einen anderen Fall:* Vortrag Wien, 12. April 1914, GA 153, S. 128 f.
47 *Nehmen wir also:* Ebd., S. 167.
48 *Nun, es gibt eben:* Vortrag Dornach, 24. Februar 1924, GA 235, S, 71 f.

GEISTESSCHULUNG UND LÜGE

51 *Nichts von Zauberei:* Vortrag Wien, 5. November 1907, GA 98, S. 25.
In der Meditation: Esoterische Stunde München, 23. August 1911, GA 266b, S. 181 f.
52 *Wer heute in der Welt:* Vortrag Dornach, 17. Juli 1921, GA 205, S. 241 f.

DIE LÜGE ÜBERWINDEN

55 *Nun steht uns aber:* Vortrag Hannover, 18. November 1912, GA 140, S. 43 f.
Nun müssen wir aber: Vortrag München, 11. Dezember 1910, GA 125, S. 217–219.
57 *Womit vergibt man am besten:* Ebd., S. 219.
Wirklichkeitsgemäß denken: Vortrag Dornach, 15. August 1916, GA 170, S. 158–160.
58 *Der Mensch kommt:* Vortrag Basel, 17. September 1909, GA 114, S. 66 f.
59 *In der Geisteswissenschaft:* GA 10, S. 145 f.
Das alles, was im Menschen: Vortrag Berlin, 2. Februar 1910, GA 116, S. 66 f.